Open

F
1106 AA Amsterdam
Tel : 020 – 696.57 23
Fax : 020 – 696 80.51

Onthullingen van een nieuwsjager

Onthullingen van een nieuwsjager

Alles wat niet deugt, is de journalistiek een vreugd

Theo Jongedijk

 Het Journalistieke Boek

Opgedragen aan Teun en Kobe

```
 ┌─────────────────────────┐
 │         Lees            │
 │        wijzer           │
 └─────────────────────────┘
```

Beste boekenliefhebber,

Deze uitgave bevat een aantal bijzondere pagina's, waarover we u graag op deze wijze willen informeren.

Na deze introductie treft u enkele pagina's aan met als kop *Om te herinneren*. De eerste twee zijn bedoeld om vorm te geven aan wat ook wel 'een opdracht' heet: de gever van het boek verrijkt het geschenk met enkele woorden of zinnen. Op de volgende twee pagina's schrijft de ontvanger/lezer dingen voor zichzelf op, die waardevol kunnen zijn om later nog eens terug te lezen.

Bij het kopje 'de aanleiding' op die pagina's gaat het meestal om een gebeurtenis ter gelegenheid waarvan het boek is gekocht, zoals een verjaardag of een afscheid op het werk. 'De reden' geeft aan waarom de keuze viel op dit boek, en niet een ander. Daarbij valt te denken aan interesse of zakelijke betrokkenheid. Achter 'mijn verwachtingen' schrijft de lezer op hoe hij van tevoren denkt over het boek, dus nog voordat hij het heeft gelezen.

Achterin dit boek, vanaf bladzijde 217, vindt u *Recensiepagina's*. Deze zijn op allerlei manieren te gebruiken, bijvoorbeeld voor het maken van aantekeningen over nuttige feiten, maar ook voor het schrijven van een beoordeling. Voor wie daar behoefte aan heeft zijn tips opgenomen over het schrijven van een recensie.

Natuurlijk zijn de makers van dit boek benieuwd naar de reacties van lezers. Op de website hetjournalistiekeboek.nl kunnen lezers hun oordeel en hun suggesties voor verbetering achterlaten via de contactpagina. Ook is er de mogelijkheid een e-mail te sturen aan info@hetjournalistiekeboek.nl

Dennis Mulkens
Dick van der Meer
de uitgevers van dit boek

Om te herinneren 1

Voor

_____

Dit boek is gekocht ter gelegenheid van

_____
_____
_____
_____
_____
_____

De reden waarom juist dit boek is gekozen is

_____
_____
_____
_____
_____
_____

Eventuele toevoegingen:

_____

_____

_____

_____

_____

Horen wat je van dit boek vindt?
○ Ja, graag
○ Laat ik aan jou over
○ Hoeft niet

Plaats en datum

_____

Naam gever

_____

Om te herinneren 2

Dit boek heb ik gekregen van:

_____

De aanleiding is geweest:

_____
_____
_____
_____

De reden waarom juist dit boek is gekozen is:

_____
_____
_____
_____

Eventuele bijzondere omstandigheden of speciale gedachten:

_____
_____
_____
_____
_____

Mijn verwachtingen van dit boek zijn:

_____

_____

_____

_____

_____

Ik vind dit boek ook heel geschikt voor:

_____

_____

Plaats en datum

_____

Inhoud

Proloog *15*
Proloog 2 *17*

1 De vierde vrouw van Lubbers *21*
2 Bekentenis van een zelfbenoemde moordenaar *28*
3 Oorlogsmisdadiger na halve eeuw ontmaskerd *37*
4 Een pikkie voor de één *47*
5 Nuchtere Friezen zien ze vliegen *52*
6 Oprichter easyJet lijdt schipbreuk *57*
7 Drugslegende Christiane F. opnieuw verslaafd *62*
8 Oranjehelden ondergedoken op Aruba *68*
9 Staat rookt familie De Haan uit *73*
10 Zoektocht naar vriendin van geheim agent *77*
11 Radioavontuur Joost den Draaijer op Sealand *84*
12 Helikoptercrash journalistiek bloedbad *93*
13 Virus op ingezwaaid vlaggenschip Rotterdam *100*
14 Scheiding in kappersland *104*
15 Onbegrepen boodschap voor 'burgemeester' *110*
16 Verslaggever in de boeien om valsemunterij *113*
17 Charmante havenbaas kopje onder *118*
18 'Kuilen met steile wand' bij Oosterscheldekering *131*
19 Joods geestelijke wint golftoernooi *140*

20   Economische collaboratie met DDR onbestraft   *150*

21   Bootkaping in Perzische Golf   *155*

22   Geen chocola van meervoudige relaties   *162*

23   Drievoudige moord met kerst   *170*

Persoonlijk

24   Journalist van vader op zoon   *177*

25   Ouders verongelukt; Het Vaderland geofferd   *185*

26   Het talent van de Van Kijfhoeklaan   *197*

Epiloog   *205*

Proloog

"Je bent hartstikke ziek. Je kan geen kaars uitblazen. Ik wil dat je de komende week thuisblijft. Niet naar kantoor. Niet in de auto. En zeker niet ergens naartoe waar de airco aanstaat. Kleed je goed aan. Ga als de zon schijnt lekker naar buiten."

De diagnose van mijn huisarts, op een vrijdagmiddag, luidde zware bronchitis. Ik was die dag eerder thuisgekomen, omdat mijn collega's op de redactie het geblaf en gesnuit van 'die oude' helemaal zat waren.

"Het was rustig op de krant", meldde ik thuis, eerder aangekomen dan normaal.

"Dan ga je nú naar de huisarts", sprak mijn vrouw op een toon die geen tegenspraak duldde.

"Ik wil niet dat je zó het weekeinde ingaat." Dat nadrukkelijke 'zó' sloeg op mijn verkoudheid. Iedereen zag de ernst, behalve ikzelf.

Veroordeeld tot een week 'niets doen', kwam ik terug met een penicillinekuur, een verpakking prednison en de pest in mijn lijf. Ik kon mijn agenda voor de volgende week drastisch gaan omgooien.

Op de 'vrije dagen' die kwamen, heb ik harder gewerkt dan ooit. Buiten in de zon kwam ik nauwelijks. Het ging niettemin iedere dag beter met de bronchitis. Om zeven uur zat ik al achter mijn laptop, na een onrustige nacht waarin allerlei voorvallen uit de voorbije veertig journalistieke jaren mij uit de slaap hadden gehouden.

Het idee om al die belevenissen te bundelen in een boek was er al lang. Maar neem er maar eens de tijd voor. Dat doe je dus niet, met een drukke baan. Dat manuscript was iets voor later. Tot die aanval van bronchitis.

Dat is het verhaal achter het verhaal van dit boek.

Theo Jongedijk

Proloog 2

Kranten staan vol verhalen.

Een verhaal komt niet zomaar in de krant. Dit boek verhaalt over het verhaal áchter het verhaal.

Een journalist vertelt in een verhaal zelden of nooit wat hem ertoe heeft gebracht juist dat verhaal te maken en welke barrières hij moest slechten om het verhaal uiteindelijk ook te kunnen schrijven.

Was het een eigen idee? Een tip van een lezer? Louter toeval?

Aan de hand van gepubliceerde verhalen wordt in dit boek verteld wat de achtergronden zijn geweest van de verhalen die als voorbeeld zijn genomen.

Bovendien blijkt een verhaal verrassend vaak niet af. Nieuwe ontwikkelingen, soms vele jaren na dato, werpen een ander licht op een gebeurtenis.

Theo Jongedijk (1951), schrijver van dit boek, komt uit een journalistiek milieu. Zijn vader, Jacob Willem Jongedijk (1913 – 1977), Jaap voor familie en vrienden, was hoofdredacteur van Het Vaderland, een liberale avondkrant in Den Haag. Dat dagblad stond hoog aangeschreven, bijzonder in literaire en culturele kringen. Het Vaderland was ook jarenlang de meest geciteerde Nederlandse krant in het buitenland en had dagelijks als enig dagblad in het land een rubriek in het Engels.

Theo Jongedijk is ruim 37 jaar in dienst van het mediaconcern De Telegraaf, tegenwoordig aangeduid als TMG. Sinds 1980 werkt hij voor de krant zelf, de jaren ervoor bij de weekbladen Accent en Extra, voormalige uitgaven van het krantenbedrijf. Eerder was Jongedijk in dienst van de regionale kranten Tubantia (Twente), de Amersfoortse Courant en de Haagsche Courant.

Jongedijk was voor De Telegraaf tussen 1998 en 2003 correspondent in Berlijn, belast met verslaggeving in Duitsland, Oostenrijk, Zwitserland en Liechtenstein. Zestien jaar (1982 – 1998) was hij chef-redactie van De Telegraaf in Rotterdam.

Tijdens zijn loopbaan werd Jongedijk bij het vergaren van nieuws onder meer gearresteerd op verdenking van valsemunterij en 'onder arrest' gesteld op het platform Sealand in de monding van de Theems toen zich daar de Nederlander Hans Lavoo in gijzeling bevond. In dit boek leest u waarom, en hoe het afliep.

Jongedijk spoorde tijdens zijn correspondentschap in Duitsland de Nederlandse oorlogsmisdadiger Dirk Hoogendam op, die in de deelstaat Hessen meer dan een halve eeuw in ongestoorde rust en welstand kon leven onder de schuilnaam Dieter Hohendamm. Het kwam niet tot een vervolging van de eerder in ons land al eens ter dood veroordeelde Hoogendam, omdat de oorlogsmisdadiger overleed voor het tot berechting kon komen.

Als verslaggever 'kaapte' Jongedijk in de oliestaat Bahrain samen met een fotograaf een bevoorradingsschip van het bergingsbedrijf Smit, waarvan werknemers op dat moment door Iran werden gegijzeld. Het vaartuig werd bij vergissing, maar tot verrassing van de verslaggevers, ter beschikking gesteld totdat de communicatiefout werd ontdekt.

Onder het pseudoniem Carel Frederic schreef Jongedijk het boek *Geheim agent van Tito*, naar het manuscript van Slobodan Mitric, die in opdracht van de toenmalige Binnenlandse Veiligheids Dienst (BVD) het bewijs moest leveren dat hij was gedeserteerd uit de dienst van de voormalige Joegoslavische leider Tito. Het dagboek moest een antwoord geven op de vraag waarom Mitric in Amsterdam drie landgenoten had doodgeschoten.

Jongedijk kwam tijdens de Koude Oorlog in Europa op merkwaardige wijze in contact met de Russische spion Aleksei Myagkov. Deze onderhield ook banden met de Britse geheime dienst. De KGB'er trachtte voor een ton (oude guldens) zijn levensverhaal te verkopen aan de verslaggever.

Dit boek vertelt de verhalen áchter de meest spraakmakende verhalen die in de afgelopen vier decennia verschenen van de hand van de auteur. De schrijver staat in twee aparte hoofdstukken aan het eind van het boek stil bij de indrukwekkende carrière van zijn vader Jaap Jongedijk, de voormalige hoofdredacteur van het dagblad Het Vaderland in Den Haag.

Jongedijk senior, de verpersoonlijking van 'de krant is een heer', vervulde de rol van kritisch leermeester. Hij verongelukte in 1977 samen met zijn echtgenote op veel te jonge leeftijd tijdens een reportage – annex vakantiereis in Finland.

Zijn zoon Theo, de schrijver van dit boek, ontkwam in de zomer van 2010 aan een fataal ongeluk. Hij had een uitnodiging om mee te vliegen met de pershelikopter die crashte op de Maasvlakte. Het ongeluk kostte aan vier van de vijf inzittenden, drie fotojournalisten en de piloot, het leven. Jongedijk had piketdienst voor zijn krant en moest de tragische dood van zijn collega's verslaan.

De uitgevers

1 De vierde vrouw van Ruud Lubbers

De openhartigheid van oud-premier Lubbers maakt niet voor het eerst tongen los. Eerder dit jaar praatte hij op de televisie over zijn band met het Koninklijk Huis, waarbij hij vertelde dat er drie belangrijke vrouwen in zijn leven zijn: zijn moeder, zijn vrouw Ria en koningin Beatrix. "Ik wil de heer Lubbers erop wijzen dat hij een vrouw is vergeten", zegt Guus Drijver. "Degene met wie ik jarenlang was getrouwd, van wie ik drie kinderen kreeg en met wie hij een buitenechtelijke relatie aanging die eindigde in mijn scheiding."

Bron: De Telegraaf

Het gebeurt niet vaak dat al lezend de schellen je van de ogen vallen. Zittend in mijn luie stoel heb ik het eerder op die dag gekregen boek *Rotterdamse Cafés, deel 2* van Joris Boddaert opengeslagen. Een standaardwerk van bijna 180 pagina's, gebonden in een harde omslag en uitgevoerd in een groot, onhandzaam formaat. Met de verstelbare leuning naar achteren, lig ik in een comfortabele stand met het letterlijk gewichtige werk van Joris open gespreid op mijn schoot.

Zo'n boek nodigt in eerste instantie niet uit tot lezen, hooguit tot bladeren. De pagina's ritselen door mijn vingers. Menig bekend en onbekend Rotterdams dranketablissement trekt in een flits aan mijn ogen voorbij, totdat de naam Ruud Lubbers als dissonant tussen al die innemende gelegenheden de aandacht trekt.

De schrijver begint echter helemaal niet over de oud-premier, maar geeft een inkijkje in zijn gedachtewereld nu hij de zestig al is gepasseerd. Boddaert laat weten altijd hard te hebben gewerkt, waarbij de geboorte van zijn twee kinderen gold als zijn 'drive'. Dan volgt een terugblik op zijn krantencarrière bij Het Vrije Volk, die hem de bijnaam 'de rode jonkheer' zou opleveren – maar dat hoor ik later, want ik ken Joris op dat moment pas een blauwe maandag.

De hoogte- en de dieptepunten van een journalistiek leven passeren in vogelvlucht de revue. Boddaert pinkt een traan weg als Het Vrije Volk hem op staande voet de laan uitstuurt. Aanleiding is een interview bij Radio Rijnmond, waar de schrijver zich laat verleiden tot het noemen van de steeds teleurstellender oplagecijfers van de krant die niet lang daarna zou ophouden te bestaan.

Sindsdien is Joris Boddaert stadschroniqueur voor De Havenloods, een huis-aan-huisblad in Rotterdam, en in die hoedanigheid weet hij meer en minder voorname belevenissen van zijn medestedelingen op een luchtige en informatieve manier te verwoorden. Zijn levenswerk is het drieluik over de Rotterdamse Cafés.

Ik heb nu het deel 2 in handen, dat mij zomaar in de schoot viel. Dat kwam zo. Het manuscript van *Onthullingen van een nieuwsjager* circuleerde, voordat ik een uitgever vond, onder een andere titel in kleine kring. Het bereikte toen ook Joris Boddaert. Die vond dat zo aardig dat hij mij als tegenprestatie één van zijn werken liet bezorgen. Ondertussen is ook deel 3 in de caféreeks verschenen, waarmee de trilogie zijn voltooiing heeft bereikt. Boddaert gaat niettemin stug door. Hij werkt nu aan aflevering 4.

Nog altijd kan ik de aanhef 'Ruud Lubbers' boven het betreffende hoofdstuk in deel 2 van zijn levenswerk niet plaatsen. Wanneer komt nou het bruggetje naar deze premier, die ooit de langstzittende was uit de geschiedenis?

"Ik was nooit een nieuwsjager", bekent Joris Boddaert, "hoewel ik natuurlijk wél als zodanig bij Het Vrije Volk was 'opgevoed'." Eén keer, in 1986, had de schrijver echter de 'primeur van het jaar' in zijn vingers.

"De tip kwam van Han Kuyper, beeldend kunstenaar te Rotterdam. Hij behoorde tot een groep kunstenaars die twee jaar daarvoor, dus in 1984, ontevreden waren over de BKR-regeling. Een delegatie van een man of zeven zag kans zich binnen te praten in het Kralingse huis van Ruud en Ria Lubbers. Het doel van het bezoek moest duidelijk zijn: Ria werd vriendelijk doch dringend verzocht om voor hen in de bres te springen."

"Bij dat bezoek kreeg zij zowaar een schilderij aangeboden van kunstenaar Tjarko ten Have, waarop wij een ernstig kijkende Ruud zien, geleund tegen een tafel, waarop een mand met vruchten staat. Verboden vruchten? Hahahahaha… In 1984 dacht niemand in Nederland daar nog aan, althans niet in combinatie met de minister-president."

"Voorjaar '86 kreeg ik van Kuyper te horen dat Ruud Lubbers een zware verhouding had met een appetijtelijke dame, woonachtig in Overschie. Nee, het was niet zomaar een romance, het ging om een heftige verhouding. Eén zijdelingse opmerking van Kuyper zal ik nooit vergeten: *Ik zou het stel wel eens achter een kinderwagen kunnen ontwaren*."

"Die laatste opmerking lachte ik als 'totaal ongeloofwaardig' meteen weg", aldus de schrijver van het kroegenboek. Maar het verzoek van Kuyper (lees: de kunstenaarsgroep) of Boddaert als journalist deze affaire eens wilde uitpluizen, honoreerde hij wel degelijk.

Ik hang nog immer languit in mijn stoel. Dat is maar goed ook, want het verslag van de bevindingen van Joris Boddaert zijn schokkender dan het verhaal over de 'billenknijperij' dat Lubbers over de grenzen nog bekender maakte dan hij al was als staatsman.

Boddaert verwijst zelf ook naar dat 'verleden' als rechtvaardiging om het verhaal te publiceren: "Vroeg of laat was deze zaak toch wel aan het licht gekomen, misschien wel ná de dood van Lubbers. De toenmalige Binnenlandse Veiligheidsdienst (BVD, tegenwoordig AIVD) sliep toch niet altijd? Wat een paar kunstenaars indertijd ontdekten, zal toch ook in Den Haag bekend zijn geweest? De BVD móét iets hebben geweten. Wellicht was deze affaire nu juist een te heikel punt, waardoor Lubbers' droom, 'president-commissaris' te worden van Europa, uiteenspatte."

"Ik vind", vervolgt Joris Boddaert, "dat ik als journalist en bovenal als stadshistoricus belangrijke zaken nú moet melden, want veel en veel later kan ik dat niet meer. Ik meld het bovenal, omdat in 2004 en 2005 de halve wereld op zijn kop stond vanwege Ruuds onschuldige omhelzing en hand op de billen van een Amerikaanse dame, terwijl deze affaire toch als 'iets pittiger' kan worden gekwalificeerd. Ziet u het maar als het aan de kaak stellen van harde feiten in een tamelijk schijnheilige wereld. Ik vel geen moreel oordeel, ik vind alleen dat je als minister-president absoluut niet in een dergelijke bizarre, netelige situatie dient te geraken."

Het onderzoek naar de buitenechtelijke relatie die Ruud Lubbers begon met Ellen Lammé deed Boddaert samen met de in 2005 overleden Karel Glastra van Loon. "Mensen op straat aanspreken, in cafés informeren, dat soort werk. Tevergeefs. Onze zoektocht leverde niets op en ik heb de scoop (primeur – TJ) toen volledig laten rusten. Het spreekt vanzelf dat het hete onderwerp van tijd tot tijd door mijn hoofd bleef spelen, en zoals zo vaak was het uiteindelijk het zuivere toeval dat verlossing bracht."

In deel 2 van zijn Rotterdamse Cafés vertelt Boddaert over een ontmoeting met een bewoner van de Rotterdamse Rijweg die destijds getuige blijkt te zijn geweest van de 'uitstapjes' van Ruud Lubbers. De buurman geciteerd: "Ruud kwam regelmatig op zaterdagochtend in zijn auto aanrijden en enigszins schichtig spoedde hij zich naar de voordeur. Wel grappig, als er net mensen op straat liepen, zag je zijn kop naar beneden gaan in de auto, alsof hij iets zocht. Ik heb hem ook wel eens zogenaamd lezend in een breed uitgeslagen krant gezien. Het ging allemaal heel stiekem, wat logisch is, want heel Nederland herkent zijn gezicht."

Als ik mijn ogen heb uitgewreven in het besef echt gelezen te hebben wat er staat, niet te dromen en klaarwakker te zijn, besluit ik Joris Boddaert te bellen.

"Hoe is het mogelijk dat jouw verhaal over Lubbers nooit

openbaar is geworden?", val ik met de deur in huis. "Dat is toch onvoorstelbaar?"

"Het is níet onvoorstelbaar", weerspreekt Joris mij.

"Want het was zo. Anders had ik het niet opgeschreven. Het verhaal is mij gedaan in aanwezigheid van Guus Drijver sr., de bedrogen echtgenoot, die er zijn huwelijk door zag stranden."

Ik besluit uit te zoeken of Boddaert een waar verhaal heeft geschreven of dat hij met zijn beweringen karaktermoord pleegt op een man die een bekwaam premier was met weliswaar een lichtgeschonden reputatie op het gebied van ongewenste intimiteiten.

Mijn weg gaat langs al degenen die Boddaert in zijn boek met naam en toenaam heeft opgevoerd. Het karwei vergt maanden, in welke periode er ook telefonisch (en op verzoek van het secretariaat van Lubbers vervolgens schriftelijk) contact wordt opgenomen. Dat laatste zelfs meerdere keren.

Secretaresse Simone Klein Haneveld antwoordt begin november 2011 namens Ruud Lubbers per e-mail: "Uw berichtgeving betreft een oud verhaal dat zo'n veertig jaar teruggaat. De heer Lubbers is daarom niet bereid enig commentaar te geven."

Omdat het antwoord wel erg summier is, waag ik een tweede poging, waarin ik aanbied, mocht Lubbers nooit de tekst van Joris Boddaert onder ogen hebben gehad, hem deze per ommegaande te doen toekomen.

"Ik heb bij de heer Lubbers nogmaals geverifieerd en hij blijft erbij dat dit verhaal 40 jaar geleden speelde. Het eerste bericht dat ik u namens de heer Lubbers stuurde, blijft daarmee staan. Zoals u weet, werd de heer Lubbers voorjaar '73 minister van Economische Zaken en kreeg toen publieke bekendheid. Hij vindt het daarom niet opportuun nu op 'het verhaal' in te gaan. Dat is ook de reden waarom hij in 2009 ook niet heeft gereageerd naar aanleiding van vragen van het Algemeen Dagblad en dat hij ook nu niet wil reageren."

In die periode leg ik ook contact met de bedrogen echtgenoot. Guus Drijver houdt aanvankelijk de boot af.

"Het is lang geleden. Het is verwerkt, alhoewel mijn kinderen van de scheiding wel een behoorlijke klap hebben gekregen. Wat moet ik er nu mee?"

Drijver houdt deze houding vol, totdat hij de schriftelijke reacties te lezen krijgt van de secretaresse van Ruud Lubbers. Omdat zijns inziens tot twee keer toe de waarheid geweld wordt aangedaan met betrekking tot de periode waarin de affaire tussen zijn ex Ellen Lammé en Lubbers zich heeft afgespeeld, besluit hij toch voor één keer zijn verhaal te doen. Eén voorwaarde vooraf: in een krantenpublicatie geen namen. Ik zeg dat toe.

We treffen elkaar op een zonnige dag op het terras van een mooi aan het water gelegen horecagelegenheid in Rotterdam, niet ver van Drijvers woning. Na wat inleidende onderwerpen als het weer en de sport komen we tot de essentie; de verhouding van zijn ex met de bekende politicus.

"Iedereen wist het in de buurt waar wij destijds woonden. Alleen ikzelf niet. Ik had een drukke, internationale baan en was veel op reis, vooral naar Duitsland. Ik kwam erachter toen een overbuurman op een tot dan gezellige avond mij overviel met de opmerking: 'Jouw huwelijk zit niet goed'."

"Op de ochtend dat de formatie begon van het eerste kabinet onder de naam Lubbers had ik een afspraak met hem om over de ontstane situatie te praten. Mijn vrouw was toen al het huis uit. Lubbers excuseerde zich voor het feit dat het overspel in mijn woning had plaatsgevonden. Dat kon niet anders, zei hij, omdat zijn bekendheid verhinderde met haar naar een hotel te gaan."

"Lubbers drukte mij op het hart de zaak 'onder ons' te houden. Dat heb ik ook altijd gedaan. Er was weleens een zwak moment om naar 'de bladen' te gaan, maar daar kon ik uiteindelijk steeds weerstand aan bieden."

Dat het verhaal van Joris Boddaert over Ruud Lubbers, gepubliceerd in één van zijn boeken, niet door de media is opgepakt, heeft volgens de schrijver twee redenen: de geringe oplage en het gebrek aan journalistieke doortastendheid.

"Ik geef van mijn Caféboeken er altijd duizend uit. Ze worden niet in de boekwinkel verkocht, maar bij voorinschrijving in kleine kring. Het Algemeen Dagblad heeft naar aanleiding van het Lubbers-verhaal één keer met de oud-premier gebeld. De verslaggever liet zich afpoeieren zonder zelf gedegen onderzoek te doen. De oud-premier wil de affaire afdoen als een jeugdzonde. Maar het overspel vond toch echt plaats in zijn ambtsperiode als minister van Economische Zaken."

De Telegraaf publiceerde het verhaal over de buitenechtelijke relatie van Lubbers toen de oud-premier internationaal in de zomer van 2013 de aandacht op zich vestigde door op televisie het staatsgeheim te onthullen van de opslag in Volkel van kernkoppen. Het vermoeden bestond altijd al dat deze Amerikaanse wapens hier zijn opgeslagen, maar het erover praten werd door opeenvolgende regeringsleiders niet gedaan uit geheimhoudingsplicht. Het Openbaar Ministerie heeft besloten Lubbers niet voor zijn loslippigheid te vervolgen, omdat de juistheid van zijn bewering over de aanwezigheid van kernwapens op Nederlandse bodem niet kan worden gecontroleerd, vanwege de zwijgzaamheid die er in 'Den Haag' rust op het onderwerp.

Het weekblad HP/De Tijd gaf Joris Boddaert een paar weken na de publicatie in De Telegraaf alle ruimte om onder de kop 'De stier van Kralingen' zijn moeizaam in de publiciteit gekomen primeur over Lubbers te reconstrueren.

Daarin stelt Joris Boddaert:

"Jongedijks broodheer De Telegraaf is lange jaren voorbijgegaan aan de affaire, zoals eerder het AD. Dat de kwestie in juni 2013 eindelijk wel een prominente plek heeft gekregen op pagina 7, is kennelijk een kwestie van journalistieke context dan wel bijvangst. Het verhaal wordt immers gebracht als een terzijde bij de waan van de dag."

Met de onthulling over de kernkoppen in Volkel schoot Ruud Lubbers zich wat zijn amoureuze verleden betreft in eigen voet.

2 Bekentenis van een zelfbenoemde moordenaar

Alberto L. moet acht jaar, met aftrek van voorarrest, de cel in voor de moord die hij op 28 december 1994 in het centrum van Rotterdam heeft gepleegd op de Belgische meesteroplichter Paul Nieto. De rechtbank acht de schuldvraag wettig en overtuigend bewezen.

De man meldde zichzelf begin vorig jaar als dader bij de politie uit behoefte schoon schip te maken. De aanklager eiste veertien dagen geleden twaalf jaar cel. De meervoudige kamer van de rechtbank in Rotterdam haalde hier gisteren vier jaar van af op grond van het feit dat verdachte als zogeheten 'first offender' niet eerder voor een dergelijk zwaar misdrijf met justitie in aanraking is geweest.

Bron: De Telegraaf

In het voorjaar van 2011 meldt zich een rechercheur van politie telefonisch bij de Rotterdamse redactie van De Telegraaf.

"Hebben jullie in Rotterdam een archief en hoeveel jaar gaat dat terug?"

De vraagstelling wekt nieuwsgierigheid.

"Bij de redactie aan de Hoogstraat bewaren we alleen de Rotterdam-pagina's. Voor verhalen die geen betrekking hebben op deze regio en die ouder zijn dan tien jaar, de periode dat onze eigen pagina verschijnt, moet u bij het centraal archief in Amsterdam zijn. Maar waar gaat het om?"

"Een moord uit december 1994."

"Doelt u op meesteroplichter Paul Nieto?"

Het blijft even stil aan de andere kant van de lijn.

"U hoort dat ik sprakeloos ben. Het gaat inderdaad om de moord op Paul Nieto. Dat was in de vooravond van 28 december van dat jaar. Maar hoe komt u zo snel op die gedachte?"

Een paar weken later nemen twee rechercheurs van het Cold Case Team van de politie Rotterdam-Rijnmond een stapeltje kopieën in ontvangst uit het hoofdstedelijk Telegraaf-archief. In ruil voor de informatie krijgt de krant te horen wat de politie na zestien verstreken jaren plotseling moet met deze oude moordzaak.

De rechercheur die de redactie belde, begint met uitleg te geven over het fenomeen 'cold case', dat in Rotterdam, volgens hem, meer dan elders in het land is opgetuigd om alsnog de daders te achterhalen van zware criminaliteit uit het verleden. "Het gaat dan meestal om gewelds- en/of zedendelicten."

In vertrouwen vertellen de politiemannen dat een aantal weken eerder zich een verdachte van de moord op Paul Nieto spontaan als dader heeft gemeld bij het hoofdbureau. De man wist niet meer precies wanneer het was gebeurd, maar biechtte op 'ergens in de jaren negentig' een moord te hebben gepleegd. De zaak Nieto was zo in de vergetelheid geraakt dat de melder twee keer naar huis werd gestuurd. Hij was niet aan een moord te linken.

De verdachte bleek een volhouder te zijn. De derde keer werd hij – er was inmiddels enig onderzoek gedaan – direct in voorlopige hechtenis genomen, verdacht van betrokkenheid bij de moord op Paul Nieto, gepleegd op 28 december 1994, in het centrum van Rotterdam.

"We zijn nog heel voorzichtig. Het kan best zo zijn dat het om een fantast gaat die straks weer op straat staat als blijkt dat hij niet beschikt over specifieke daderkennis. Om die reden zijn we de archieven ingedoken om erachter te komen wat destijds over de zaak is gepubliceerd en welke informatie de verdachte uit de media kan hebben gehaald."

De uitleg is nu aan mij. Ik ben nog het antwoord verschuldigd waarom Paul Nieto in dat eerste telefoongesprek direct voor op mijn tong lag.

"In de tientallen jaren dat ik als verslaggever in Rotterdam werkzaam ben, zijn er talloze moorden gepleegd. Van een behoorlijk aantal heb ik, al dan niet samen met collega's, verslag gedaan. Van al die moorden blijven niet meer dan wat flarden hangen in het geheugen. De opmerkelijke omstandigheden, het grof geweld, de trieste achtergrond of de bijzondere locatie. Zomaar wat aspecten. Echter, van de moord op één man is mij zo goed als alles bijgebleven. Die op Paul Nieto. Vanwege zijn bijzondere persoonlijkheid."

Ik corrigeer mijzelf.

"Dat zou te veel eer zijn. Nieto was eerder uitzonderlijk, want het woordje bijzonder kan ook positieve associaties oproepen. En in menig opzicht was Nieto een slecht mens, voor zover ik er zicht op heb." De rechercheurs bevestigen het beeld knikkend.

Paul Nieto werd in Antwerpen geboren in een kinderrijk gezin dat oorspronkelijk afkomstig was van de Kaapverdische eilanden. Zijn vader bouwde een fatsoenlijk bestaan op in de haven. Paul koos voor een heel andere levensloop, die hem vroegtijdig, op 42-jarige leeftijd, door een reeks kogels in Rotterdam fataal zou worden.

Wie was Nieto?

Vooral dankzij de speurzin van voormalig collega Ernst Nordholt, inderdaad zoon van de voormalig hoofdstedelijke korpschef Eric Nordholt, kon in de maand na de spraakmakende moord op het kruispunt Karel Doormanstraat/Westblaak in twee pagina's de doopceel worden gelicht van deze man.

Paul Nieto begreep vanaf het begin dat een beginnend ondernemer, ook in de misdaad, alleen armslag heeft met een redelijk startkapitaal. En dat was er niet. Hij beschouwde het als een uitdaging om de weg naar het grote geld te vinden. Het geluk moet hem daarbij ontegenzeglijk enorm hebben geholpen.

Hij maakte eind jaren zestig in het Antwerpse kennis met een diplomaat van het staatshoofd Moboetoe van het voormalige

Belgisch-Congo. De jeugdige Belg wist de afgevaardigde van de machtige Afrikaanse dictator zodanig in te palmen, dat deze hem meer dan een tipje van de sluier oplichtte met betrekking tot de toen al welig tierende corruptie in het vroegere overzeese gebiedsdeel van onze zuiderburen.

De diplomaat gaf aan dat hij met een probleempje zat. Hij had voor ongeveer vijf miljoen gulden aan Belgische francs waaraan een luchtje zat. Nieto rook onmiddellijk zijn kans en bood belangeloos aan het bedrag tegen een redelijke commissie onder te brengen bij een Luxemburgse bank. Eenmaal in het bezit van de koffer vol ritselende bankbiljetten verdween de jeugdige Antwerpenaar met de noorderzon. A crimestar was born.

De gefleste diplomaat had de keus zijn verlies voor lief te nemen of aangifte te doen tegen Nieto, met het risico ook zelf door de mand te vallen. De Afrikaanse gezant koos voor het eerste. Nieto had niet anders verwacht.

De jonge Belg had nooit rijkdom gekend. Thuis had hij alles – en dat was meestal niet veel – moeten delen met zijn vijf broers en zussen.

Het rechercheteam dat toentertijd onder leiding van Cor Heyboer de 'erfenis' van Nieto in beeld bracht, vatte de levensloop bondig samen.

Hij is zijn leven lang op zoek geweest naar mogelijkheden om winst te maken, te manipuleren en de zwakke plekken van mensen, bedrijven en organisaties te vinden. Wie doordringt tot de hoogste kringen zit het dichtst bij het grote geld. Deze overtuiging bracht Nieto ertoe zich te gaan uitgeven voor graaf. Hij verzon de welluidende naam Nihayyan de Lannois en plakte daar meteen maar de functie van ambassadeur van de Verenigde Arabische Emiraten aan vast.

Hij was nu aan zijn stand verplicht een Rolls Royce te gaan rijden. Geen punt. Geld genoeg. In woningen in Schiedam en Rotterdam zijn na Nieto's dood foto's gevonden van 'hoogtepunten' uit zijn leven. Er zitten opnamen bij die onverbloemd tonen hoe de namaakgraaf onder marechaussee-escorte voorrijdt bij Paleis het Loo.

Jaren kon de nepambassadeur ongestoord zijn gang gaan, omdat schaamte bij de slachtoffers zo groot was dat de meesten langdurig de lippen op elkaar hielden. Kunsthandelaren lieten zich misleiden door het voorname voertuig van de adellijke gast en laadden nietsvermoedend zijn wagen vol in de overtuiging dat de rekening op korte termijn wel betaald zou worden.

Als domicilie koos Nieto een riante, rustig gelegen villa in het Belgische Ruisbroek. Hier woonde hij met zijn bodyguard, zaken-partner en levensgezel Silvio, ook een Belg van Kaapverdiaanse komaf. Silvio had de zwarte lokken en het sportieve uiterlijk van Ruud Gullit in die jaren, zodat het dorp in de veronderstelling leefde dat de even befaamde als gefortuneerde Nederlandse voet-baller een plaatsgenoot was geworden. De Ferrari Testarossa, de Bentley, Mercedes en BMW op de oprit wekten dan ook geen enkele argwaan.

De luiken van het betreffende huis waren alle afgesloten, toen Ernst Nordholt en ik ons voor onderzoek een dag of veertien na de moord, in de eerste weken van januari 1995, aldaar meldden. Zelfs een poging om door een spaarzame spleet een blik naar binnen te werpen, bleef vruchteloos. Aangebeld bij een buur op een paar honderd meter afstand. Hij bleek direct bereid het Nederlandse reportageteam te helpen. Het nieuws over de dood van Nieto had zich hier ook al verspreid.

"Joh, zûnne, ik kan u helpen als gij mij even helpt de ladder op de wagen te tillen."

We wisten niet precies wat de man van zins was, maar hij hield in ieder geval van aanpakken. Terwijl wij aan de voorkant van het huis van Nieto wachtten op de dingen die komen gingen, zeulde de Belg met zijn ladder naar achteren. Binnen vijf minu-ten opende hij met een galant gebaar de voordeur:

"Treed binnen, vrienden."

Nieuwsgierig gingen wij van vertrek naar vertrek, in toene-mende mate verbaasd over de eenvoud en ongezelligheid van de inrichting. Nieto had niet op een paar stuivers hoeven te kijken, maar zijn fortuin zat, dat was duidelijk, niet in de inrichting van het huis.

We liepen de trap op om ook de bovenetage in ogenschouw te nemen. Een koude luchtstroom kwam ons tegemoet.

"Het lijkt wel of er een raam openstaat", zeiden wij tegen elkaar.

"Allez, vrienden. Dat is geen raam. Dat komt door de balkondeur die ik moest forceren. Gij wilde toch binnenkijken?"

Opeens werd ons veel duidelijk. De behulpzame man bleek een wat risicovollere Belgische uitgave van handige Henkie.

Ondanks de januari-kou kregen we het plotseling vreselijk heet onder de voeten.

"Wat ga jij zeggen als zo de Rijkswacht binnenvalt?", vroeg ik aan Ernst, de zoon van de bekendste Nederlandse politiebaas.

"Ja, eh, een inkijkoperatie, mijne heren. Zo doen we dat in Nederland", grapte hij met een zorgelijke ondertoon.

In die dagen werd er heftig gediscussieerd over al dan niet onterechte opsporingsmethoden van de politie, zoals het (on)-bevoegd binnentreden in crimineel veronderstelde objecten. Inkijkoperatie was toen een modewoord. Vooral de Amsterdamse politie was doelwit van de kritiek.

De twee rechercheurs van het Cold Case Team hoorden het Belgische avontuur aan alsof het een spannend jongensboek was.

"Duidelijk. Zo'n moordzaak vergeet je nooit meer."

Nog in de laatste dagen van 1994 werd er in Rotterdam een onderzoeksteam geformeerd naar het overlijden van Nieto. In het destijds ingestelde onderzoek kwam Alberto L., de man die zich zestien jaar later onverwacht zou melden als de dader, in beeld, evenals overigens een aantal anderen. Hij werd gehoord, maar ontkende betrokken te zijn geweest. Vervolgens werd de zaak opgelegd, wegens gebrek aan bewijs. Niet geseponeerd, want dat is aan justitie.

Tot 2011 is er geen onderzoekshandeling meer verricht naar de moord op Nieto. De zaak stond wel 'op de agenda' van het Cold Case Team van de politie Rotterdam-Rijnmond, maar een planning was er niet voor gemaakt. Daar kwam verandering in toen Alberto L. zich meldde. Evengoed hebben het onderzoek en de afwikkeling nog een aanzienlijke tijd in beslag genomen.

De rechtbank stond voor de vraag of de verdachte een fantast was, die onterecht een zwaar misdrijf opeiste, of dat hij echt de dader was.

De verdachte meldde zich om schoon schip te maken, zo werd duidelijk tijdens een reeks pro-formazittingen. Dat standpunt herhaalde Alberto L. ook bij de feitelijke behandeling.

De familie van het slachtoffer had na zoveel jaren recht op de waarheid. En hij had al zo lang met de wetenschap gelopen, zonder overigens al te vaak aan de daad zelf te hebben gedacht, dat hij nu zijn geweten wilde ontlasten. Bovendien zei hij behoefte te hebben om te worden behandeld, het liefst in de vorm van een TBS.

Voor advocaat Sam Lodder een gewetensdilemma. Advocaten zijn ervoor om cliënten te verdedigen die juist geen of minder straf willen. Deze verdachte achtte zichzelf bij herhaling schuldig en wenste daar vooral ook voor te boeten.

Nadat de officier van justitie de schuldvraag wettig en overtuigend bewezen achtte door de bekennende verklaringen van verdachte en het ondersteunend bewijs van twee getuigen die vlakbij Nieto stonden toen er werd geschoten, vroeg de raadsman de rechtbank niet mee te gaan in de eis van twaalf jaar, maar zijn cliënt vrij te spreken.

Wat was nu eigenlijk de reden geweest van de moord op Paul Nieto? Uit verklaringen van de zichzelf als dader aangegeven verdachte zou hij medio 1994 op verzoek van Nieto een koffer met heroïne van Ruisbroek naar Rotterdam hebben gebracht. Onderweg had Alberto L. de verleiding niet kunnen weerstaan om een deel van de kostbare drugs weg te nemen om die zelf in geld om te zetten. Dat bedrog zou zijn uitgekomen, waarna in dit criminele circuit het gerucht ging dat 'de Belg', zoals Alberto L. Nieto noemde, uit was op wraak. En met 'de Belg' viel niet te spotten.

Alberto L. zat in gewetensnood. Vermoord worden of zelf toeslaan. Op de 28e december 1994 ging hij in Rotterdam adressen af waar Nieto zich zou kunnen ophouden, maar nergens trof hij 'de Belg' aan. Onderweg naar huis zag hij plots op het kruispunt Karel Doormanstraat/Westblaak Nieto staan in het gezelschap van twee mannen. Het drietal was in gesprek. Alberto L. liep naar eigen zeggen in een boog om hen heen, zodat hij onverwacht op een meter of twee oog in oog kwam te staan met zijn gevreesde opdrachtgever, om Nieto uit de adelstand te schieten, zoals collega Ernst Nordholt het destijds treffend verwoordde. Meesteroplichter en drugshandelaar Paulino Nieto, zoals hij bij de burgerlijke stand stond ingeschreven, stierf 42 jaar jong op straat in zijn eigen plas bloed.

Medio augustus 2012 veroordeelde de rechtbank Alberto L. tot acht jaar met aftrek van voorarrest. De behandeling waarom verdachte zelf had gevraagd, een klinische opname in een psychiatrische instelling, werd niet meegenomen in de uitspraak, omdat hier alleen aan kan worden voldaan bij een deels voorwaardelijke straf. Bij gevangenisstraffen hoger dan vier jaar is het wettelijk gezien niet mogelijk om een deel voorwaardelijk op te leggen. Hoewel Alberto L. zelf TBS wilde, heeft de officier van justitie daar niet om gevraagd. Voor TBS zou de psychische toerekeningsvatbaarheid van de verdachte ten tijde van het delict moeten worden vastgesteld, en dat was zoveel jaar na dato niet meer goed mogelijk.

Kort voor de uitspraak gaf mr. Lodder aan te verwachten dat de rechtbank drie jaar minder zou opleggen dan de officier van justitie had geëist. De raadsman bleek er maar een jaar naast te zitten. Van de vier jaar 'korting', omdat de man niet eerder had gemoord, werd in politiekring niet zonder kritiek kennisgenomen.

"Iemand die met een geladen wapen tekeer gaat in het centrum van de stad op een druk tijdstip staat bewust mensen naar het leven. Dat is wettig en overtuigend bewezen geacht door de rechtbank. Waarom dan geen twaalf jaar opgelegd, zoals de eis was?"

Zelf – maar wie ben ik op dit gebied – had ik vrijspraak voor mogelijk gehouden. Alberto L. had op twee mijns inziens wezenlijke punten anders verklaard dan de feiten aantonen. Zo wist hij niet meer het juiste aantal kogels dat hij had afgevuurd en gaf hij een geheel verkeerd beeld van de kleding van het slachtoffer.

Nieto droeg op de laatste dag van zijn leven een knalrood lederen jack van het merk FILA. In die dagen kostte zo'n ding een milletje of vijf. Daaronder had hij, zeer contrasterend, een grijze joggingbroek aan van hooguit een paar tientjes. 'Het was echt geen gezicht', omschreven getuigen het later. Maar de verdachte hield staande, ook in de rechtbank, dat zijn slachtoffer, zoals meestal, gekleed ging in een 'normaal pak'.

Mijn voorstelling van zaken is dat als je zo'n verschrikkelijke daad pleegt, de beelden daarvan voor eeuwig op het netvlies staan. En wilde Alberto L., om welke reden dan ook, niet al te graag de bak in? Angst voor bedreiging? Behoefte aan geborgenheid? Wie zal het zeggen. En de spijt tegenover de familie van het slachtoffer, is die oprecht als je je daar al die jaren niet druk om hebt gemaakt?

Echter, de rechtbank is onafhankelijk en haar uitspraken dienen te worden gerespecteerd. Ook door journalisten.

Bij deze dan, ondanks mijn twijfels.

Oorlogsmisdadiger na halve eeuw ontmaskerd

3

De bij verstek ter dood veroordeelde oorlogsmisdadiger Dirk Hoogendam (79) blijkt onder een andere naam te wonen in een gehucht dat behoort bij de gemeente Ringgau in de Duitse deelstaat Hessen. De in Vlaardingen geboren SS-officier Hoogendam, alias De Bokser, heeft zich 55 jaar lang voor justitie verborgen gehouden onder de schuilnaam Dieter Hohendamm.

Hoogendam werd wegens landverraad op 2 juni 1950 in Nederland ter dood veroordeeld.
Volgens de militaire rechtbank was hij verantwoordelijk voor de moord op een onbekend aantal Nederlanders. Al vijf jaar eerder was hij uit een gevangenkamp ontsnapt.
Hoogendam vestigde zich in 1946 onder de naam Dieter Hohendamm onder vermelding van een valse geboorteplaats, Moresnet – Aachen, in Ringgau. Hohen-damm heeft Duitse identiteitsbewijzen. Daarin staat als geboortedatum dezelfde datum als Dirk Hoogendam: 18 mei 1922.

Toen deze krant Hoogendam gisteren voor zijn vrijstaande woning confronteerde met zijn verleden, verweerde hij zich zenuwachtig. "Ik ben Duitser, ik ben Duitser. Ik kan het bewijzen, ik heb een rijbewijs."
Zenuwachtig graaide hij onder de stoel van zijn Mercedes zonder dat er een document tevoorschijn kwam. "Kom maar binnen, ik zal het jullie laten zien."
Toen de verslaggevers de weg vrijmaakten zodat hij de garage van zijn woning in kon rijden, draaide Hoogendam opeens met zijn auto om en verdween uit het zicht.

Bron: De Telegraaf

De Tweede Wereldoorlog loopt als een rode draad door mijn journalistieke loopbaan. Zonder het onderwerp bewust op te zoeken, komt het telkens terug. In dit verslag twee zaken met opvallende parallellen.

De affaire-Pieter Menten was de ouverture waarin ik als jonge verslaggever verzeild raakte bij het weekblad Accent van hoofdredacteur Hans Knoop.

Knoop was vanuit Israël getipt dat de gefortuneerde bewoner van Blaricum zijn kunstcollectie zou laten veilen, waarbij het saillante detail was dat Menten zijn rijkdom zou hebben verworven in de Tweede Wereldoorlog door het bestelen van joden. Dit zou vooral zijn gebeurd in het oosten van Europa.

Het uitzoeken van wat er in die achterliggende jaren werkelijk had plaatsgevonden, bleek zo arbeidsintensief dat steeds meer redactieleden er een dagtaak aan hadden. Grote delen van Europa werden afgestruind op zoek naar bewijzen, vooral achter het toen nog hermetisch gesloten IJzeren Gordijn.

De reportages wekten aanvankelijk weinig beroering. Pieter Menten was tot op dat moment immers een nauwelijks bekende landgenoot, over wie maar weinigen zich opwonden.

Hans Knoop wilde landelijke aandacht voor zijn publicaties. Tacticus als hij was, schakelde Knoop collega Wibo van de Linde in van de actualiteitenrubriek TROS Aktua.

Pieter Menten dacht een bondgenoot te hebben gevonden in de bekende televisiepresentator. Hij stemde zonder argwaan in met een interview aan de rand van het azuurblauwe zwembad naast het rietbedekte pand in de dichtbegroeide Blaricumse tuin.

Menten werd door de interviewer uit de tent gelokt. Met de borst vooruit haalde de kunstverzamelaar voor de camera flink uit naar Knoop, "de smaadschrijver van Accent".

Wie geschoren wordt, moet stilzitten. Die kennis ontbrak toen. In ieder geval bij Pieter Menten. Zijn glamourachtige poging om als geslaagd zakenman wandelend over zijn riante erf het eigen straatje schoon te vegen, had een een averechts effect.

In één televisieavond groeide de kwestie Menten uit tot een nationale affaire. Andere media konden er niet meer omheen.

De afloop zal oudere lezers bekend zijn. Het kwam tot een rechtszaak en de bejaarde kunstverzamelaar uit het Gooi moest wegens oorlogsmisdaden het gevang in.

De affaire-Menten leidde bijna tot de val van het kabinet-Van Agt. Kort voor de uitvaardiging van een officieel aanhoudings-bevel bleek de verdachte het land te zijn ontvlucht. "Ik sta hier en ik kan niet anders", sprak premier Dries van Agt tegenover een verontwaardigd parlement, dat de onmiddellijke opsporing eiste van de gevlogen oorlogsmisdadiger.

Het was níet de politie die Menten achterhaalde op zijn schuil-plaats in Zwitserland, maar een verslaggeversteam van Accent, onder leiding van Hans Knoop. Die bewuste avond knalden op de redactie de champagnekurken. De meest spraakmakende, naoorlogse journalistieke affaire had een spannende ontknoping gekregen. Een film waardig. 'Privédetective' Hans Knoop achter-haalde de boef, waarbij Menten het gezicht bij zijn aanhouding poogde te verbergen achter een krant.

Tijdens de affaire werd er nauw samengewerkt met Duitse col-lega's. Het weekblad Stern stelde de archieven open en op het vliegveld van Hamburg stond een auto met chauffeur al klaar. Een aantal dagen mocht ik er te gast zijn.

Op de redactie werkten twee assistenten die uitstekend waren opgeleid in het achterhalen van informatie; ook als die bleek te vallen onder strenge privacyregels. Hoe ze het deden is ondui-delijk, maar in het land van de daders werd, snel en vakkundig, essentiële en soms zeer vertrouwelijke informatie boven water gehaald.

De burgemeester van Ringgau bleek medio 2001 uit hetzelfde hulpvaardige hout te zijn gesneden. Zonder ons van tevoren te hebben aangekondigd, vielen collega Ernst Nordholt en ik op een namiddag bij de man binnen om hem te ondervragen over Dirk Hoogendam. De al tientallen jaren daarvoor uit Nederland gevluchte oorlogsmisdadiger zou in zijn gemeente staan ingeschreven, onder de schuilnaam Dieter Hohendamm.

De burgervader was direct geïnteresseerd. We vertelden over het overlijden van Auke Pattist in Spanje, een makker in het oorlogskwaad van Hoogendam. Pattist was in zuidelijke richting de grens over gevlucht om uit handen te blijven van de Nederlandse opsporingsautoriteiten.

Het overlijden van Pattist, vervat in een kort bericht, had een schriftelijke tip opgeleverd bij de hoofdredactie in Amsterdam. Anoniem. De strekking was ongeveer:
    "In Duitsland kunt u de gevluchte oorlogsmisdadiger Dirk Hoogendam vinden."
    Vaag werd gezinspeeld op een locatie.

"Kan jij dit even uitzoeken?" was het verzoek dat mij als correspondent in Berlijn bereikte.

Tips zijn waardevol voor media. Anoniem worden ze meestal snel terzijde gelegd. Het aanbod van werk is – zeker in zwakke economische tijden en bij een lage redactionele bezetting – in de regel zo overvloedig dat de schaarse tijd bij voorkeur wordt geïnvesteerd in zaken die houvast bieden en die te checken zijn. In overleg met 'Amsterdam' werd echter besloten deze onbekende bron toch serieus te nemen.
    De vraag dringt zich dan wel op waarom iemand pas na 55 jaar komt met een dergelijke mededeling.

De naam Hoogendam noch de Duitse vertaling Hohendamm waarover in de brief werd gerept, bleek terug te vinden in Duitse telefoonboeken. Besloten werd op de bonnefooi naar Ringgau in Hessen te reizen voor wat veldwerk. De oud-SS'er zou hier mogelijk te vinden zijn, was op te maken uit de anonieme brief.

In zo'n kleine gemeenschap valt een onbekende auto met de letter B van Berlijn al snel op. Ik woonde in die stad gedurende mijn Duits correspondentschap.

Een mogelijk adres van Hoogendam was snel getraceerd, na enige navraag. Het bleek te gaan om een vrijstaande woning met inpandige garage. Het object zag er verlaten uit. Op een paar honderd meter afstand stond een boer aan een tractor te klussen. Een gunstige gelegenheid om wat te vragen.

"Ah, Sie sind Holländer", concludeerde de man meteen op grond van de tongval van de vragensteller, die vroeg om de kortste weg naar het volgende dorp.

"Het is hier mooi. Misschien ook iets voor de familie. We zoeken meestal onderdak in een hotel of pension dat wordt geleid door Hollanders. De kinderen voelen zich dan eerder thuis."

"Das gibt's nicht. Nur ältere Leute im Ruhestand", sprak hij kortaf.

"Maar wel uit Holland?"

Hij mompelde wat binnensmonds.

"Hohendamm?", probeerde ik voorzichtig.

"Dat echtpaar woont hier al erg lang. Ze zijn niet van hier."

Hij wees een pand aan in de verte.

Het huis van Dieter Hohendamm, van wie wij veronderstelden dat hij niemand anders was dan de oorlogsmisdadiger Dirk Hoogendam, was gelokaliseerd.

Een week later was er in Ringgau versterking van collega-verslaggever Ernst Nordholt en fotograaf Wim Hofland. Dit team werd later uitgebreid met Jolande van der Graaf. Zij werd landelijk bekend door de AIVD-afluisteraffaire, die speelde onder toenmalig minister Guusje ter Horst (Binnenlandse Zaken). Laatste gaf opdracht tot een inval in de woning van de journaliste, nadat De Graaf staatsgeheimen zou hebben geopenbaard, mogelijk gelekt door een echtpaar met een dienstverband bij de geheime dienst.

We reden rechtstreeks naar het gemeentehuis van Ringgau. Nadat we ons hadden gelegitimeerd, ging de burgeradministratie open en kwamen de gegevens van Dieter Hohendamm op tafel.

Uit de papieren bleek dat Dieter Hohendamm op dezelfde dag was geboren als Dirk Hoogendam. Alleen de plaats verschilde. Dirk kwam ter wereld in Vlaardingen. Dieter zou in een plaatsje bij Aachen het levenslicht hebben gezien. Voor de burgemeester was het duidelijk. Hij constateerde direct dat deze man een 'Verbrecher' is, een misdadiger.

We besloten met de documenten bij Dieter Hohendamm aan te bellen. Hem recht in het gezicht te confronteren met zijn ware identiteit.

Maar de voordeur bleef gesloten, ook na herhaald bellen.

Het geluid van een ronkende diesel, een Mercedes, doorbrak vrijwel direct hierna de stilte.

De wagen stopte voor de woning. Een oudere man en een iets jongere vrouw keken verrast onze kant op. Ze verwachtten duidelijk geen bezoek.

Ernst en ik liepen naar het portier van de bestuurder van wie wij vermoeden en hoopten – maar niet wisten – dat hij Dieter Hohendamm was, alias de oorlogsmisdadiger Dirk Hoogendam.

We trokken het portier open.

"U bent Dirk Hoogendam, de oorlogsmisdadiger."

Die paar woorden troffen hem als een mokerslag.

"Nein, ich bin Deutscher. Das kann ich beweisen. Hier, schau mal, mein rijbewijs." Op dat moment wisten we dat we de juiste man hadden. Immers, een Duitser zegt niet 'rijbewijs' als hij 'Führerschein' bedoelt.

De bestuurder graaide met zijn hand vergeefs onder zijn stoel.

"Mijn rijbewijs ligt binnen. Komt u maar mee. Dan laat ik het zien."

"Ach, man", zeiden we.

"Geen Duitser die het woord rijbewijs kan uitspreken."

In de veronderstelling dat de bejaarde bestuurder de auto voor de garagedeur zou parkeren, maakten wij de weg vrij. In plaats daarvan trapte Hoogendam stevig het gaspedaal in en verdween uit het zicht. Zijn vrouw was even tevoren uitgestapt. Ze was verbijsterd en haastte zich naar binnen.

Dirk Hoogendam was opgespoord. Na 55 jaar succesvol te zijn ondergedoken geweest.

Diezelfde dag nog belden we vanuit Duitsland met mevrouw mr. M. H. L. de Roos-Schoenmakers van het parket van Justitie in Arnhem en informeerden haar dat we Dirk Hoogendam hadden opgespoord.

Mevrouw De Roos was op dat moment als officier van justitie naast haar gewone werk belast met de speciale taak om Nederlandse oorlogsmisdadigers uit de Tweede Wereldoorlog op te sporen en te vervolgen. Die bijzondere portefeuille werd ingesteld als gevolg van de affaire-Pieter Menten.

Mr. A. Lodewijk de Beaufort was de eerste officier van justitie die zich met deze nieuwe opsporingstaak ging bezighouden. Later werd hij opgevolgd door mr. P. M. Brilman, die het stokje weer doorgaf aan mevrouw De Roos.

Op grond van haar taakstelling verwachtten wij enig enthousiasme op onze mededeling dat nu, na meer dan een halve eeuw, de verblijfplaats bekend was van één van de meest gezochte personen op dit gebied. Maar de reactie van de officier van justitie was ronduit koel.

"Ik ben bang dat de zaak is verjaard. Zo niet, dan wordt het nog moeilijk om de heer Hoogendam uitgeleverd te krijgen. De meeste landen en zeker Duitsland leveren hun eigen inwoners niet uit. Misschien kan het feit dat hij een valse naam heeft opgegeven nog fungeren als breekijzer, maar ik heb weinig hoop", aldus De Roos.

Journalisten die zich bezighouden met de opsporing van dit soort misdadigers kunnen onder de bevolking niet altijd rekenen op begrip.

"Laat die mensen toch! Ze zijn hoogbejaard. Zet nu toch eens een punt achter die oorlog."

Zo lang de overheid pretendeert een actief opsporingsbeleid te voeren en daarvoor een speciale officier van justitie in stelling brengt, is het najagen van misdadigers uit de Tweede Wereldoorlog zeer verdedigbaar. Als het overheidsapparaat het in deze laat afweten, ligt er een taak voor zijn waakhond, de onafhankelijke pers.

Drie opeenvolgende officieren van justitie hebben geen prioriteit gegeven aan de speciale portefeuille, althans niet waarneembaar voor de buitenwereld. Inmiddels is mevrouw De Roos opgevolgd door de vierde specialist op dit gebied, mr. J. R. Klunder. Ooit van hem gehoord in dit verband?

Als er al eens een oorlogsmisdadiger wordt opgespoord, is dit niet de verdienste van politie en justitie, maar van journalistieke speurneuzen. Wordt zo'n gezochte op een presenteerblaadje aangeleverd, dan nog komt de overheid niet of nauwelijks in beweging.

In Duitsland ligt dat anders. In het land van de daders worden tot op de dag van vandaag beulen uit de Tweede Wereldoorlog, of zij die hiervan worden verdacht, voor het gerecht gesleept.

De geboren Nederlander Siert Bruins ondervindt daar nu de gevolgen van. De hoogbejaarde oud-oorlogsmisdadiger werd afgelopen september 2013 voor de rechter gebracht. Een televisiereportage van de Nederlandse journalist Gideon Levy gaf het beslissende zetje.

Kenmerkend is dat de Nederlandse pers de opsporing van Dirk Hoogendam de moeite van het signaleren nauwelijks waard vond. Er werd slechts in de marge over bericht.

Het programma 'Reporter' van het 'Zweite Deutsche Fernsehen' (ZDF) hing daarentegen meteen bij mij in Berlijn aan de lijn om over Dirk Hoogendam een programma te kunnen maken. Het werd een uitzending van ruim een half uur, waarbij niet alleen de sporen van de oorlogsmisdadiger in Nederland tijdens 1940–1945 werden gevolgd, maar ook zijn levenswandel na zijn vlucht naar Ringgau.

'Der Dieter' bleek in het plaatsje in Hessen een geliefde medebewoner. Zijn omgeving wuifde het oorlogsverleden van de man weg.

"Hij was toch altijd een eerzaam burger geweest die een rechtvaardige boterham verdiende in de groentehandel?"

De Nederlandse televisie kwam na een paar maanden ook met een programma over Hoogendam. De basis ervan vormde de reportage van het ZDF. Aangekocht van de Duitsers ter aanvulling van de eigen informatie.

'Dieter Hohendamm' verdween na zijn ontmaskering een aantal weken uit beeld. Hij dook onder in Oostenrijk om vervelende vragen te ontlopen.

De geschiedenis herhaalde zich, zoals ook oorlogsmisdadiger Pieter Menten jaren eerder vluchtte om in Zwitserland een veilig heenkomen te zoeken.

Dirk Hoogendam alias Dieter Hohendamm is niet meer voor het aardse gerecht gekomen. Geheel onverwacht overleed hij een jaar na zijn ontmaskering.

Een tegenvaller voor zijn slachtoffers en hun nabestaanden, die Hoogendam maar wat graag in Duitsland berecht hadden willen zien. En ook voor de media.

4

Een pikkie voor de één

"Ik wil geen traploper. Alleen nog een pikkie voor de één. Geen hoerenjong!" Ieder vak heeft zijn eigen taalgebruik. De toevallige toehoorder zal van bovenstaande zinnen weinig begrijpen. Nieuwkomers op de redactie voelen zich er hooguit een beetje onwennig bij in de eerste weken van hun dienstverband. Redactietaal leer je zoals je leerde praten van je moeder; vanzelf en in snel tempo.

Bron: de werkvloer

Voor de duidelijkheid de vertaling van de eerste zinnen. De eindredacteur geeft aan geen ruimte meer te hebben voor een lang bericht of een groot verhaal. Geen traploper dus, maar een kort stukje.

Het gaat om de voorpagina. Op de redactie wordt deze steevast 'de één' genoemd. Het is de etalage van de krant. Daarop moeten de losse exemplaren worden verkocht. Het 'pikkie' komt dus op een prominente plek te staan.

Wat een 'hoerenjong' is, vertelt de 'dikke Van Dale'. In het journalistieke spraakgebruik, ook bij andere kranten, is het de aanduiding voor een onvolledige regel boven aan een bladzijde of kolom. Ook wordt er wel een verkeerd afgebroken woord mee aangeduid aan het eind van een regel.

Verslaggevers op een krantenredactie zijn rauw gebekt. De tijd ontbreekt meestentijds om breedsprakig te zijn. Dat betekent niet dat er op de werkvloer onderling niet wordt geouwehoerd. Altijd in onze moerstaal. Waar in managementberoepen het Engels de boventoon viert, blijven journalisten hun eigen taal trouw. Zo hoort het ook.

Aan het selecteren van onderwerpen en het uitwerken van verhalen gaat wel degelijk overleg vooraf. Dat wil ook wel eens oeverloos zijn. Echter, als het moment daar is om de krant te maken, aan het eind van de middag tot in de late avond, is er geen sprake meer van breedsprakigheid.

Kretologie viert dan hoogtij. Totdat de krant 'zakt'. Dat is het moment waarop alle pagina's zijn samengesteld. Sluitingstijden dicteren tot dan het tempo.

De verslaggever die op het allerlaatste moment nog denkt met een verhaal te kunnen komen, heeft meestal het nakijken. Het 'neen' van de eindredacteur is onverbiddelijk.

"De krant is niet van elastiek."

Was dat maar zo. Een ideetje voor uitvinders?

De editie voor de volgende morgen kan worden gedrukt als de nieuwslijsten leeg zijn. Als alle daarop vermelde verhalen met bijbehorende fotografie zijn ingedeeld en naar de pagina's zijn versleept en als de laatste correcties zijn doorgevoerd. Een foutloze krant is een utopie. De grootste koeien moeten wel bij de hoorns zijn gevat.

Het land slaapt al. Nog even en een nieuwe krant ziet het daglicht. Letterlijk.

De verspreiding van ruim een half miljoen exemplaren kan dan beginnen.

De versgedrukte verzameling pagina's, op 'broadsheet' (het grote formaat) nog altijd, wordt de volgende ochtend op de redactie in Rotterdam uit de brievenbus gehaald door de eerst aanwezige verslaggever.

Zes pagina's komen achter de twee daarvoor beschikbare ramen te hangen van het kantoor aan de Hoogstraat. Voorpagina, de pagina met Rotterdams nieuws, een pagina met binnenlands nieuws en pagina vijf. Laatstgenoemde pagina brengt achtergronden bij het nieuws.

Op dinsdag, als er markt is aan de Binnerotte en Rotterdam daar inkopen gaat doen, komt de halve stad langs het redactiekantoor aan de Hoogstraat. 'De Telegraaf, Rotterdamser dan u denkt', luidt de reclameslogan die in de geelblauwe bedrijfskleuren boven het pand hangt. Geen beroepsdeskundige aan te pas gekomen. Een spontane ingeving van Fred Pruim, chef van de regioredacties Den Haag, Rotterdam en Utrecht van De Telegraaf.

Een tandarts kan tijdens zijn werk niet straffeloos naar buiten kijken. Een verslaggever heeft dat voorrecht wel. Dan is de constatering dat de lezersschare voor de pagina's achter het raam afneemt. Helaas.

Het zijn in hoofdzaak ouderen, vanaf middelbare leeftijd, die hun honger naar nieuws komen stillen. Soms bijna letterlijk met de neus tegen het glas. De bekende chocoladekoppen van de krant ten spijt.

Een verhaal achter het raam vormt niet zelden aanleiding tot een gesprek. Soms tot een discussie en ook wel tot een hoogoplopend meningsverschil. Dat is genieten. De deur wordt ervoor opengezet.

Het nieuws beweegt de stilstaande mens. Dat is nog eens opmerkelijk.

Afhankelijk van de dag wordt er bij het tweede raam van de redactie een keuze gemaakt uit verschillende pagina's; Vrouw, Privé, Telesport of de Financiële Telegraaf. Doorslaggevend is het al dan niet aanwezig zijn van een Rotterdamse link. Die pagina krijgt dan de voorkeur.

Het kan een goede prestatie zijn van een Rotterdamse voetbalclub, positieve overslagcijfers in de haven, of iets wat in stad of regio niet deugt, want dat is 'de journalistiek een vreugd'.

De redactieleden zijn ondertussen al aan de slag voor de volgende ochtend. Het begin is iedere morgen weer een leeg vel papier. Virtueel gesproken een pagina op het beeldscherm die aan het eind van de dag gevuld moet zijn met interessante verhalen.

Een verslaggever kan al bij de rechtbank zitten. Meestal beginnen de eerste strafzaken om negen uur. De 'man' die de gemeenteraad volgt, heeft de donderdagmiddag als vaste afspraak in de agenda staan. De andere collega's richten zich op belangrijke gebeurtenissen in de stad, of zoeken op internet naar nieuws als ze niet al een afspraak met een relatie hebben gemaakt 'om bij te praten'.

Nog maar een beperkt aantal jaren geleden kwam veel nieuws door de brievenbus. Een persbericht komt nu nog maar zelden over de post. E-mail is ervoor in de plaats gekomen, elektronisch verstuurd. Virtueel zo u wilt.

"Laat ze maar een advertentie zetten."

Die kreet is vaak te horen als een persbericht een duidelijk commerciële insteek heeft. Bedrijven en pr-bureaus zijn gek op 'free publicity', gratis redactionele aandacht. Kost niets en genereert wellicht meer aandacht dan een betaalde mededeling, hoewel advertentieverkopers het daar doorgaans niet mee eens zijn.

Verslaggevers zijn opgeleid om te schiften. Wat is waan? Wat is werkelijkheid? Wat is van belang en wat niet? Het kaf moet van het koren worden gescheiden. Waarin zijn de lezers van de krant geïnteresseerd?

De redactie van De Telegraaf denkt zijn lezers te kennen. De interessewereld van de achterban van de krant is – simpel weergegeven – terug te brengen tot vijf k's.

Wij denken te weten dat de volgende elementen tot de receptuur moeten behoren van de krant: kapitaal, koningshuis, kinderen, katten en een drieletterwoord dat eindigt op een t. Het toedienen ervan en in welke hoeveelheid kan per dag verschillen, afhankelijk van de actualiteit en beschikbare fotografie.

Wie zijn wij? Wij zijn journalisten, die weinig verstand hebben van veel en veel verstand van weinig. Een uitspraak met een kern van waarheid van gepensioneerd collega Huib Boogert.

In het algemeen wordt van journalisten verwacht dat ze heel veel weten. Dat verwachtingspatroon komt niet altijd uit. De huidige maatschappij zit steeds ingewikkelder in elkaar. De informatiestromen nemen enorm toe, waardoor het ondoenlijk is geworden om alles te volgen, te zien en te lezen.

Een verstandige verslaggever komt daarvoor uit. Wie dat niet doet, zet informatieverstrekkers op het verkeerde been. Doet zichzelf en ook zijn lezers tekort.

Wie uit schroom niet de juiste vragen stelt, kan terug op de redactie van het onderwerp geen chocola maken. Dan wordt het een canard, in plaats van een scoop.

Grappig, dan toch nog twee 'vreemde' woorden vanaf de redactievloer.

Canard: een loos of verzonnen bericht. Daar heeft de lezer niets aan. Het doet afbreuk aan de reputatie.

Scoop: een primeur uit betrouwbare bron, windt journalisten nog altijd op. Ook al is er geen eeuwige roem meer mee te behalen.

Het nieuws is een minuut na het bekend worden algemeen bezit. Reacties en commentaren leiden verder af van de oorsprong.

De scoop gaat 's avonds gewoon bij het oud papier. Of in de kattenbak.

Morgen is er wéér een krant.

5 Nuchtere Friezen zien ze vliegen

Wat bezielt Friezen, die in het algemeen voor nuchter doorgaan, om 's avonds omstreeks half acht het dak van het huis op te klauteren of in grote groepen bijeen te komen in een pikdonker weiland?

De bewoners van Gorredijk, Heeren- veen en nog een aantal plaatsen in het zuid-oosten van de provincie maken er geen geheim van dat er massaal naar de hemel wordt getuurd om vreemd vliegende objecten waar te nemen.

Bron: Amersfoortse Courant

Wie in de journalistiek zijn geloofwaardigheid geen geweld wil aandoen, moet niet over ufo's schrijven. Degenen die er blijk van geven, of zelfs alleen maar de verdenking op zich laden, erin te geloven, zien ze vliegen. Dat is een hardnekkig vooroordeel, dat de meningsvorming over en het wetenschappelijk onderzoek naar onverklaarbare waarnemingen aan het firmament geen goed doen.

Unidentified Flying Objects (ufo's) zijn een taboe, ook al leven we al meer dan een decennium in de 21e eeuw, een tijdperk waarin nauwelijks nog ongeaccepteerde onderwerpen bestaan. Met het risico om voor goedgelovig te worden versleten, of te worden beschouwd als een journalist die je van alles kunt wijsmaken, neem ik u mee naar het begin van de jaren zeventig van de vorige eeuw.

Op de redactie van de Amersfoortse Courant komen meldingen binnen van mensen die vreemde voorwerpen in de lucht hebben gezien. Zondagavond 20 mei 1973 zien bewoners en passanten in de Gounodstraat een vreemd voorwerp in de lucht.

Uit de krant van toen: "Het verscheen om kwart voor elf en was tot zeker één uur waarneembaar. De getuigen beschreven het als een donker ding met een constante witte streep, dat zich snel en geruisloos bewoog en oranje, rode en gele lichten uitstraalde."

Het was mijn eerste kennismaking met het onderwerp 'ufo', of de in ons land vaker gebezigde aanduiding 'vliegende schotel'. Het bericht in de krant over de waarneming vroeg om achtergrond. Duiding, zeggen we vandaag de dag. Ik wilde die klus wel doen.

De zoektocht naar deskundigen op dit gebied bracht mij in contact met Hans van Kampen uit Gorinchem. De toen 26-jarige Van Kampen was een zelf benoemd 'ufoloog' op grond van het bestuderen van een groot aantal boeken op het gebied van astronomische natuurkunde, psychologie en sociologie. Hij had zich bovendien voorzien van voor die tijd ultramoderne kijkers en fotoapparatuur.

Van Kampen bleek een boeiend verteller over zijn hobby, het vastleggen van meldingen van ufo's en het op een verantwoorde manier zoeken naar een verklaring voor het verschijnsel. Al snel raakte ik ook in de ban. Van de hand van de onderzoeker was in die periode zojuist het boek *Vliegende schotels. Waan of wetenschap?* verschenen, bij H. Meulenhoff in Baarn.

Afgaande op de ooggetuigenissen die in de krant hadden gestaan, kwam Van Kampen betreffende de meldingen uit Amersfoort al snel tot een duidelijke analyse. Na bestudering van een sterrenkaart leek het hem het meest waarschijnlijk dat de waarnemingen de heldere dubbelster Capella hadden betroffen, van het sterrenbeeld Voerman.

De op- en neergaande beweging waarover de getuigen hadden gesproken, was volgens Van Kampen te verklaren als auto-kinese, een bekend psychologisch verschijnsel dat ontstaat door onwillekeurige oogbewegingen bij onvoldoende oriëntatie-punten. Omdat Capella in twee uur tijd dertig graden draait in noordwestelijke richting was ook de constatering van de getuigen verklaarbaar dat het een ster betrof en geen vliegende schotel.

Van Kampen ontpopte zich keer op keer als iemand die kritisch te werk ging en niet de getuigen naar de mond wilde praten. Die werkwijze boeide mij zozeer, en het onderwerp vond ik zo fascinerend, dat ik maandenlang zijn onderzoekingen heb gevolgd. We ging niet alleen naar Friesland, maar ook naar België, tot verbazing van het thuisfront, van vrienden en van collega's die maar weinig ophadden van deze dwaze jacht op vliegende schotels.

Van Kampen publiceerde in 1978 opnieuw een boek, op basis van de tienjarige studie naar ufo's die hij toen achter de rug had. In *Ufo's boven de Lage Landen* (De Kern, Bussum) is een verslag terug te vinden van de ware golf aan meldingen uit Friesland in februari 1974, waaraan de aanhef van dit hoofdstuk refereert.

Van Kampen schrijft: "Op 16 februari bezocht ik samen met Theo Jongedijk het 'uforijke' gebied. De reis was goed voorbereid, waardoor wij een prettige ontvangst hadden op het redactiebureau van de Leeuwarder Courant in Heerenveen."

Die krant was net als de Amersfoortse Courant, destijds mijn werkgever, aangesloten bij de Gemeenschappelijke Pers Dienst (GPD), een nog maar relatief kort niet meer bestaand samenwerkingsverband van regionale dagbladen.

"Afgezien van een smakelijke kop koffie konden wij ons hart ophalen aan de kolossale hoeveelheid brieven die binnen was gekomen van mensen die de ufo hadden gezien. Een vijftiental meldingen werd door Theo en mij persoonlijk nagetrokken. Zonder uitzondering ging het om eerlijke, intelligente en prettige waarnemers die graag bereid bleken ons te woord te staan en mee te werken aan een nader onderzoek. Natuurlijk verwachtte iedereen van ons dat wij een verklaring zouden kunnen aandragen. Daarvoor was het vanzelfsprekend toen nog veel te vroeg. Eerst moest grondig worden nagegaan wat de aard en omvang van de

gebeurtenissen was geweest. De heer Meyer onthaalde ons gast-
vrij en was de verdere dag onze gids."

"Aan het eind van de dag – het was helder weer – gingen Theo
en ik mee naar de plek aan de zuidoostrand van Gorredijk, waar
telkens ufowaarnemingen waren gedaan. Toen wij daar aankwamen, stonden er al tientallen (!) mensen op wacht. Er was nog
niets te zien. In de loop van de koude uren die volgden, werd
door verschillende personen verslag gedaan van waarnemingen,
die telkens frappant op elkaar geleken. Gorredijk beleefde naar
het scheen een invasie van rode, bolvormige ufo's."

"Omstreeks tien uur 's avonds besloten wij buiten Gorredijk
onze waarnemingen voort te zetten. Jongedijk en ik reden naar
een zijweg van Rijksweg 43, die parallel liep met de dijk van het
Koningsdiep, even ten noordoosten van Gorredijk."

"Omstreeks half elf merkten wij drie helderwitte lichten op
die boven de dijk zichtbaar werden, op ongeveer 600 meter van
onze standplaats. Het waren kleine lichtschijfjes, die langzaam
over de dijk kwamen en op ons de indruk maakten boven het
kanaal te zweven. Ongelijkmatig verschoven zij praktisch op de
dijkrand, die wij tegen de ter plaatse wat oplichtende hemel konden onderscheiden, in noordelijke richting."

Op het moment dat wij met de auto probeerden dichterbij
te komen, vloeiden de lichten ineen en doofden zij. Geen twee
minuten later verscheen boven de dijk weer een heldere, rode
lichtschijf."

"Op vrijdag 22 februari sloegen de ufo's weer toe boven het
lage Friese landschap. Ettelijke mensen zagen even ten zuiden
van de Rijksweg 9 nabij Herbayum en Midlum een licht boven
het veld. Veel automobilisten werden erdoor afgeleid, waarna de
politie werd gewaarschuwd.

Die stelde een onderzoek in en de oorzaak van de ufo bleek
een verliefd stelletje te zijn in een Citroën 2-CV (Lelijke Eend).
De wagen was door het weiland gereden om een discreet plekje
te vinden om er de nacht door te brengen.

"Het schijnsel van de binnenverlichting en later dat van een
zaklantaarn veroorzaakten de plaatselijke ufogolf. Waren Jonge-

dijk en ik ook hierdoor verrast geweest?" stelde Van Kampen zich de vraag.

De onderzoeker hield het in zijn boek keurig. Hij gaf het zonder dralen toe: tijdens ons nachtelijk onderzoek in Friesland waren we voor de gek gehouden door een 'wippende Eend'.

Mijn belevenissen met Van Kampen laten aan duidelijkheid niets te wensen over. Sindsdien geloof ik niet meer in vliegende schotels, als ik dat ooit al had gedaan.

Ik geloof wel in het bestaan van ufo's als de vertaling daarvan luidt 'niet-geïdentificeerde vliegende objecten'.

Meermaals heb ik met eigen ogen in de lucht verschijnselen gezien, onder andere bij onze zuiderburen, waarvoor niet direct een plausibele verklaring als een weerballon of vliegtuig was te vinden.

Ik weiger aan te nemen dat Belgische weilanden, net als de Friese, onbeperkt het operatieterrein zijn van heetgebakerde, amoureuze stelletjes in oude Franse auto's van het merk Citroën.

Maar wat die lichten dan wel zijn? Wie het weet, mag het zeggen.

6

Oprichter easyJet lijdt schipbreuk

Dankzij financiële steun van zijn vader, een vermogende scheepsmagnaat, kocht de Griek Stelios Haji-Ioannou tien jaar geleden zijn eerste verkeersvliegtuig om onder de naam easyJet een prijzenslag in de luchtvaart te kunnen ontketenen.

Nieuwe loten aan de boom van de sterk groeiende easyGroup zijn autoverhuur (easyCar), busreizen (easyBus), hotels (easyHotel), mobiele telefonie (easyMobile) en zee-en-rivierreizen (EasyCruise).

De 39-jarige door de Britse vorstin hoogonderscheiden Griek opereert inmiddels in zestien branches. Op zijn visitekaartje staat als beroep 'Serial Entrepreneur'.

Stelios gooide begin deze week op het Nederlandse deel van Sint-Maarten de trossen los van de easyCruise.one.

Bron: De Telegraaf

Je verwacht niet dat de baas van een luchtvaartbedrijf dat jaarlijks ongeveer veertig miljoen passagiers vervoert en 150 verkeersvliegtuigen in de lucht heeft, zelf op het vliegveld zal staan om een verslaggever uit Nederland op te halen. Die stuurt een van zijn vele werknemers en je mag blij zijn als de grote baas zich tijdens de minicruise van de komende drie dagen een keertje laat zien.

Ik keek dus niet uit naar Stelios Haji-Ioannou, arriverend na een reis van bijna dertien uur via Parijs op het Caribische eiland Sint-Maarten. Toch stond de bestuursvoorzitter van de internationaal opererende easyGroup er in hoogsteigen persoon. Lichtkleurige broek, wit overhemd en nonchalant een blauwe blazer over de linkerschouder.

"Mister Haji-Ioannou," poogde ik zijn Griekse naam zo vlekkeloos mogelijk uit te spreken.
"Nice to meet you."

"Just call me Stelios", sprak hij met een brede glimlach.
"Mijn achternaam gebruik ik alleen om contracten te ondertekenen. Iedereen noemt mij Stelios. Die achternaam is vreselijk."

Ik was verrast. Welke bestuursvoorzitter in Nederland had mij tijdens de jaren dat ik voor de Financiële Telegraaf over het bedrijfsleven schreef hoogstpersoonlijk welkom geheten?
Zonder een woordvoerder in het kielzog, een secretaresse of andere secondant?

"Er is ook een aantal Franse journalisten aan boord. En een Duitse televisieploeg. Het schip is een 'try-out'. Ik wil zien hoe de markt reageert op dit concept. De easy.Cruise.one is iets te klein om rendabel te zijn. Voordat ik eventueel een groter schip laat bouwen of een bestaand vaartuig laat aanpassen, wil ik weten hoe het publiek en de pers dit concept ervaren."

Het zal een heel andere cruise-ervaring worden dan alle voorgaande vaarvakanties. De meeste maakte ik beroepshalve. Een hoogtepunt was de trans-Atlantische oversteek met de Queen Mary 2 van New York naar Southampton. Het summum aan comfort en service. Drie keer per dag at je daar à la carte. Een leger van 148 chef-koks stond daar paraat voor 2300 passagiers en de eigen bemanning natuurlijk. Iedere dag een topprestatie. Prachtig opgediende gerechten, heerlijk van smaak, en nooit lang wachten.

Restaurateurs aan de wal die bij binnenkomst van de gast zich al bij voorbaat excuseren dat het wat drukker is dan normaal en dat het uitserveren wel eens iets langer kan duren, neem ik sindsdien niet meer serieus.

De medewerkster van de incheck op de easy.Cruise.one is direct behulpzaam.

"U wordt verzocht om uw bed zelf recht te trekken. Iedereen slaapt hier op de grond. Afhankelijk van uw boeking moet u zelf uw hut schoonhouden."

De hutten zijn efficiënt ontworpen en ingericht.

"Enjoy your holiday." En weg is ze.

Vakantie? Dit is werk!

Het woord waar alles op dit schip om draait is 'strak'. Nergens nodeloze ruimtes. Alles rechttoe rechtaan. Het matras ligt uitstekend. Het is het enige losse element in de hut, die ik in een oogwenk heb opgeruimd.

De easy.Cruise.one begon haar avontuur op de Middellandse Zee. De kleur oranje overheerste aan boord. In de media werd de indruk gewekt dat alleen losbandige, luidruchtige jongelui tussen 20 en 40 jaar zonder bestedingsbudget zouden aanmonsteren.

Onze eigen Jan des Bouvrie werd ingeschakeld om het schip te restylen, toen uit reacties bleek dat het oranje te overheersend werd gevonden. De doelgroep moest met een nieuwe aanpak worden verbreed.

Tijdens de driedaagse trip langs Caribische eilandjes op maximaal vier uur varen van elkaar is er gemengd publiek aan boord. De leeftijd loopt uiteen van twintig tot zeventig. De status is van hippie tot kantoorklerk. Op het oog. Bij nadere kennismaking blijkt hoe een mens zich kan vergissen. De hippie ontpopt zich als designontwerper, de kantoorklerk is in dienst van een abortuskliniek. Wel als administrateur.

Stelios stelt zich gedurende de reis kwetsbaar op. Hij laat de journalisten toe tot zijn privéleven. 's Avonds als de easy.Cruise.one voor anker ligt, laten we ons met een tender naar de wal brengen om te dineren, te drinken en te feesten. De gastheer heeft geen geheimen in de gesprekken. Hij vraagt wel discretie. Dat is jammer voor de lezer, maar ook voor mij als schrijver. Beloofd is echter beloofd.

Cruises met elkaar vergelijken is moeilijk, omdat de gebieden waarin wordt gevaren zo verschillend zijn. Wie alleen een cruise heeft geboekt met het oogmerk om heerlijk aan dek in de zon te kunnen liggen en door het Panamakanaal vaart, zal niet of nauwelijks zijn geïmponeerd door de aaneenschakeling van sluizen die gezamenlijk een wereldwonder vormen. Zeekastelen worden er als veertjes door het rijzende water opgetild.

Als havenverslaggever ervoer ik hoe spectaculair het is dat schepen daar met lange kabels worden vastgehaakt aan locomotieven op de wal die er mede voor zorgen dat de vaartuigen stabiel en onbeschadigd het hoogteverschil in waterstand kunnen overbruggen. Andere opvarenden hadden meer oog voor de overweldigende natuur achter het sluizencomplex, maar er waren er ook die deze ervaringen slapend aan dek in een brandende zon aan zich voorbij lieten gaan. Het indrukwekkende complex wordt momenteel, anno 2013, aanzienlijk verbreed om grotere schepen te kunnen doorlaten.

De eenvoud aan boord van de easy.Cruise.one geeft een heel ontspannen gevoel. Een blind paard kan er geen schade aanrichten. Het schip heeft een capaciteit voor 150 gasten, te weinig om er geld mee te kunnen verdienen, klaagt Stelios.

Wie alleen aan de reling staat van zijn schip, kan zich inbeelden de eigenaar ervan te zijn. Hoe anders is dat op de jongste generatie supergrote cruiseschepen, zoals die beginnend met de benaming Legend of.

Dat zijn varende pretparken. Uitgaanscentra op zee. Je kunt je er, ondanks al het vertier aan boord, knap eenzaam voelen tussen die duizenden andere vaarvakantiegangers.

De easyCruisc.one bestaat niet meer in de hoedanigheid die Stelios eraan gaf. Het schip bleek te verliesgevend. Het vaart nu onder de naam Ocean Life en heeft een andere rederij als eigenaar.

Zelfs een multimiljonair als Stelios lijdt weleens schipbreuk.

7 Drugslegende Christiane F. opnieuw verslaafd

Ze ging op haar dertiende aan de heroïne. Berlijn was grauw, de wereld was slecht en vader sloeg.

Twintig jaar geleden verscheen haar boek 'Wir Kinder vom Bahnhof Zoo'. Er ging een schok door de maatschappij. Dat er junks waren, was bekend. Maar niemand wist tot op dat moment, dat drugsverslaafden ook kinderen konden zijn.
Het levensverhaal van Christiane F. ging meer dan drie miljoen maal over de toonbank. Het boek werd met succes verfilmd.

Christiane F. is nu 36 jaar. Ze zegt dat de heroïne is vervangen door methadon.
Maar regenachtig Berlijn is in februari bijna net zo grijs als vroeger.
Ze is opnieuw 'verslaafd'. Haar nieuwe drug heet Nikky. Een olijk ventje van twee. Ze herkent in hem haar eigen onschuld, die zo kort duurde.

En geslagen? Dat wordt ze nog steeds.

Bron: De Telegraaf

Vijftien jaar geleden in 1998 stond bovenstaande tekst op pagina Vrouw in De Telegraaf. Ik was een dag met Christiane F. en haar zoontje Nikky op pad geweest en het was een weergave daarvan.

Best een charmante vrouw. Eigenlijk nog heel meisjesachtig, herinner ik me, voor iemand die zo'n roofbouw op het eigen lichaam pleegde.

We leven nu in het tweede decennium van de nieuwe eeuw en ik realiseer me dat het olijke ventje van toen inmiddels zeventien is, al flink ouder dan toen zijn moeder zich liet verleiden door de drugs. Christiane F. zelf is ondertussen over de vijftig.

Adjunct-hoofdredacteur Stella Ruisch kwam met het idee om een verhaal te maken over deze vrouw. In Bildzeitung had zij een berichtje gelezen dat de bekendste verslaafde die Duitsland had voortgebracht met volle teugen genoot van het moederschap.

Maar hoe vind je in een miljoenenmetropool iemand van wie iedereen de voornaam met één initiaal kent, maar bijna niemand weet hoe de achternaam luidt?

Jaren eerder had ik haar boek *Wir Kinder vom Bahnhof Zoo* gelezen, zoals wereldwijd miljoenen anderen. Maar wat wist ik er nu nog van?

In de bibliotheek vond ik een exemplaar en 's avonds vroeg ik me al lezend af, hoe te beginnen aan de opdracht. Het idee kwam 's nachts, zoals zo vaak als ik plotseling even wakker word.

Natuurlijk, waar zij als junk was geëindigd, op Bahnhof Zoo. Daar zou nu toch ook nog wel een opvang voor junks zitten? Waar anders kenden ze Christiane F. beter dan daar?

De maatschappelijk werker op het beruchtste station van de Duitse hoofdstad wist haar naam gelukkig meteen voluit. Hij had Christiane wel eens ontmoet. Ook dacht hij te weten waar ze woonde. Niet precies, maar zo ongeveer. Ergens in een brede straat in de Berlijnse volkswijk Neuköln.

"Waren de junks nog maar zoals zij," beklaagde hij zich. "Het is allemaal veel harder geworden in de scene."

Het kost me bijna een dag om erachter te komen op welk huisnummer Christiane F. woont in een straat die als 'Allee' in het stratenboek staat. Ik ga als een Jehova's getuige van deur tot deur. Niet makkelijk in een buurt waar het vertrouwen in de medemens sterk is gedevalueerd.

"Weet u waar Christiane woont, weet u waar Christiane woont", luidt de vraag bij herhaling.

Een bordje naast een bijna verborgen bel op een benedenetage maakt me duidelijk dat ik haar heb gevonden. Er staat Christiane. Zo waar. Verder niets.

Ze is niet thuis. Ik krabbel een verzoek om mij te bellen op een visitekaartje en schuif dat onder de deur door.

Zehlendorf, mijn eigen woonwijk ligt uiterst west, mijlenver van Neuköln, dat net geen oost is. Maar Berlijn is groot, wat oppervlakte betreft gelijk aan de provincie Utrecht. De volgende keer wil ik de zekerheid dat ze er ook is.

Dagen gaan voorbij, maar Christiane belt niet. Toch maar weer naar Neuköln. Ze doet open. Begrijpt niets van mijn verhaal. Nee, ze heeft geen visitekaartje gevonden. Of misschien wel, maar meteen weggegooid.

"Kom je helemaal uit Holland? Nou, vooruit, ook al heb ik geen tijd." De deur gaat helemaal open.

Ik leg uit wie ik ben en wat ik wil. We maken een afspraak voor over een week en wisselen telefoonnummers uit. Na een paar dagen belt ze. Ze wil van de afspraak af, tenzij ik toezeg 'iets' voor Nikky te zullen meenemen als ik haar kom interviewen. Dan mag ik hen beiden ook fotograferen. We onderhandelen over wat dat 'iets' moet zijn en komen uit op geld voor het spaarvarken van het kind.

Medio 1998 werd ik correspondent in Berlijn. Sinds 1982 was ik chef geweest van de redactie in Rotterdam. De helaas te jong overleden Coos Verwey, destijds lid van de hoofdredactie, vroeg tijdens een lunch – hij noemde dat steevast 'knagen' – of ik nog iets anders wilde. Dat was medio 1996. "Stuur me maar naar het buitenland", zei ik spontaan.

Jaren eerder had ik een correspondentschap verspeeld. Het was in de periode dat de Kanaaltunnel nog moest worden aangelegd. Samen met Henri van der Zee, inmiddels overleden maar destijds gestationeerd voor De Telegraaf in Londen, maakte ik over dit project een aantal verhalen.

Tussen de bedrijven door bezochten we in Britse gevangenissen een aantal wegens drugssmokkel veroordeelde landgenoten. Ook die verhalen haalden de krant.

"Noem mijn naam maar, als ze straks een opvolger voor je zoeken", hield ik Henri voor.
    Naïef als ik was, dacht ik dat mijn volgende carrièrestap een zetje te hebben gegeven. Niet dus.

Jaren later kwam Berlijn uit de bus. Regering, ambassades en journalisten moesten eind jaren negentig van de oude hoofdstad Bonn verhuizen naar de nieuwe in het oosten.
    Berlijn. Ik was er nooit eerder geweest. Journalistieke escapades met de geheime diensten van Russen en Joegoslaven in de jaren daarvoor hadden van de Binnenlandse Veiligheidsdienst (BVD), de voorganger van de huidige AIVD, de waarschuwing opgeleverd niet achter het IJzeren Gordijn te gaan. Berlijn was toen verboden gebied.

Onbekendheid met de stad en het land ervoer ik aanvankelijk als nadelig. Anderzijds stond ik volledig onbevangen, onbevooroordeeld in mijn nieuwe werkgebied.
    Ik moest er op zoek naar ook hier bekende Duitsers, want

een mensenkrant als De Telegraaf kiest bij voorkeur herkenbare onderwerpen.

Zo kwam Stella Ruisch uit bij heroïnemeisje Christiane F. Later interviewde ik onder anderen ook modeontwerper Wolfgang Joop – die van dat uitroepteken achter zijn achternaam – en Bettina Röhl, de onbekende dochter van de internationaal wel bekende, zelfs beruchte, terroriste Ulrike Meinhof van de Baader-Meinhof-Gruppe.

Röhl had een ernstig meningsverschil over 'het verleden van het land' met Joschka Fischer, destijds minister van buitenlandse zaken. De internationale pers zat achter de vrouw aan voor een interview. Ik vond haar e-mailadres en stuurde schriftelijk een aantal vragen. Het antwoord kwam verrassend snel. Ze wilde me spreken in hotel Vier Jahreszeiten in Hamburg. Een dag later trof ik haar voor een onderhoud en fotosessie in het duurste etablissement van de havenstad. Een opmerkelijke locatie, vond ik, gezien haar afkomst.

Bijzonder ook was de ontmoeting met Sabine Gast. Deze in de Bondsrepubliek geboren en getogen vrouw werd topambtenaar op een ministerie in Bonn. Ze had toegang tot defensiegeheimen en spioneerde jarenlang tijdens de Koude Oorlog – de periode van de tweedeling van Duitsland en Europa door de Berlijnse Muur – voor de Deutsche Demokratische Republik (DDR).

Dat besluit nam ze nadat een student bij demonstraties in het westen door de politie was doodgeschoten. Ze werd ontmaskerd toen de DDR op zijn laatste benen liep en draaide jaren de gevangenis in. Het woord 'spijt' kwam tijdens het gesprek niet over haar lippen, ideologisch gedreven als ze nog altijd is. 'Frau Gast' is kritisch ten aanzien van het politieke en economische systeem van het hedendaagse, verenigde Duitsland.

Ook al ben je correspondent van de grootste krant van Nederland, vooraanstaande politici laten zich in het buitenland, niet snel strikken voor een interview. Christiane F. zou makkelijker benaderbaar moeten zijn dan de regeringsvertegenwoordigers onder de kaasstolp van de Rijksdag, maar toch dreigde ook de derde poging mis te lopen.

De vrouw is totaal van streek als ik me weer bij haar meld.

Er blijkt voor de zoveelste keer een verkeerde vriend op haar levenspad te zijn gekomen, die zijn handen niet kan thuishouden. Als ze wat is gekalmeerd, besluiten we een park op te zoeken om rustig te kunnen praten.

Ze hervindt zich in de frisse lucht. Het wordt een lang gesprek, waarin ze over alle ups en downs in haar leven vertelt, en dat zijn er nog al wat. Nikky poseert gewillig met zijn moeder voor de camera.

Als ik weken later de krant bij haar breng waarin de reportage is opgenomen, ligt er een gesigneerd exemplaar klaar van 'Wir Kinder vom Bahnhof Zoo'.

Met een persoonlijk woord:

"Danke für die gute Zusammenarbeit mit einem grossen Journalisten. Lieber Theo, Alles Gute, Christiane."

Haar spoor terugvinden anno 2013 is niet eenvoudig. Op het adres van destijds is Christiane F. tegenwoordig onbekend.

Het lijkt waarschijnlijk dat deze kwetsbare vrouw bewust de anonimiteit verkiest boven hernieuwde media-aandacht.

8 Oranjehelden ondergedoken op Aruba

Drie Oranje- en twee televisiesterren zijn op Aruba ondergedoken voor een welverdiende vakantie. Marco van Basten, Frank Rijkaard, John van 't Schip, André van Duin en Frank Masmeijer rusten onder de tropische zon van Aruba uit van de vermoeienissen van het afgelopen seizoen.

Onder aanvoering van EK-topscorer Marco van Basten zoeken de voetballers en televisiesterren onder het oppervlak van de hemelsblauwe Caribische Zee dagelijks verkoeling.

De populariteit van de drie Oranje-voetballers kent na het spectaculaire EK-resultaat ook op Aruba geen grenzen. Dat bleek bij aankomst op de luchthaven. Meer dan 1500 in de Nederlandse driekleur beschilderde Oranje-fans vormden het 'ontvangstcomité'.

Bron: De Telegraaf

Een toevallige ontmoeting in een café, het gezellige etablissement het Riddertje aan de Eendrachtsweg in Rotterdam, maakte van mij jarenlang 'Antillen-deskundige' voor de krant.

De man aan wie ik dat te danken heb, is Ton Hoogstraaten, voormalig directeur van een public-relationsbureau in de Maas-stad, tegenwoordig genietend van zijn oude dag als pensionado op Curaçao.

Ik hoor het hem nog zeggen: "Eén van mijn klanten is het Curaçao-toeristenbureau, hier in Rotterdam."

Al vanaf mijn schooltijd was ik geïnteresseerd in de Nederlandse Antillen. Niet in de laatste plaats door het klimaat, maar vooral door de Hollandse invloed op die eilanden, zo ver weg. Een stukje Nederland in de tropen.

"Wat zou ik daar graag heen gaan", bekende ik hem.

Nadat Ton mijn visitekaartje bij zich had gestoken en zijn bierglas had geleegd, vertrok hij met de belofte een uitnodiging te sturen. Uit ervaring wist ik dat dit soort toezeggingen, in een kroeg, zelden wordt nagekomen.

Ton hield zich echter aan zijn woord. Drie weken later had ik al kennisgemaakt met Guillermo Neef, de directeur van het Curaçao-toeristenbureau. De flamboyante Antilliaan schilderde het probleem waarvoor zijn eenmansbedrijfje zich in Rotterdam geplaatst zag: Hoe verleid je de Nederlandse toerist om naar 'zijn' eiland te komen?

Curaçao was in die tijd voor landgenoten bepaald nog geen vakantiebestemming. En wie er wel heenging, kwam veelal teleurgesteld terug. Achterhaalde accommodaties en tegenvallende service.

Guillermo Neef overleed begin december 2011. Zijn erfenis is indrukwekkend. Curaçao is getransformeerd tot een vakantie-eiland dat niet alleen geliefd is bij Nederlanders, maar ook bij Duitsers, Amerikanen en Canadezen. De hotels zijn er vandaag de dag up-to-date en de dienstverlening is aangepast aan het hogere tempo van de Europese toerist.

Neef had voor een Curaçaoënaar een bijzonder voorkomen door zijn absoluut haarloos hoofd, gelijk een biljartbal. Bij een van de vele reportages die ik op het eiland maakte, moest een foto komen van Guillermo, die ik na verloop van tijd – net als zijn intimi – Willy mocht noemen. Hij poseerde voor de camera samen met een tweede gesprekspartner, van wie ik de naam niet meer weet.

Om voor de eindredactie in Amsterdam, ten behoeve van het foto-onderschrift, duidelijk te maken wie de heren op de afdruk zijn, had ik boven mijn tekst de aanwijzing geplaatst dat Willy Neef de man is met het eihoofd.

Ik heb er nooit een probleem van gemaakt als geïnterviewden

mij vroegen om voorafgaand aan publicatie de tekst te mogen lezen.

"Alleen voor correctie van feitelijke onjuistheden. De redactie van het stuk is mijn verantwoordelijkheid", luidt in die gevallen nog altijd mijn standaard antwoord. Waarom zou een verslaggever zo'n verzoek weigeren aan iemand die hem met informatie ten dienste is geweest? Het heeft op een hoogst enkele uitzondering na nooit tot problemen geleid.

Neef kreeg de tekst. In die tijd ging de communicatie nog niet per e-mail, maar via de fax. De te zenden velletjes werden op het apparaat gelegd en na het intoetsen van het gewenste telefoonnummer verdween het papier een voor een in een gleuf, waarna de tekst er 'aan de andere kant', bij de geadresseerde, integraal uitkwam.

Zo ook bij de verzending aan Neef. Op het moment dat het eerste vel verdween, realiseerde ik mij dat de aanwijzing voor de eindredactie in Amsterdam, 'De man met het eihoofd is Willy Neef', nog boven het verhaal stond.

Wat te doen? Het schaamrood stond mij op de kaken. Je kan het niet maken om een zakelijke relatie zo te bejegenen. Ik voelde de anders zo aangename warmte van Curaçao, nu in Nederland, door mijn lijf gaan.

Na een paar machteloze minuten ging de telefoon. Het was Neef.

"Hé, snor. Met het eihoofd. Ik heb je verhaal ontvangen. Het ziet er goed uit."

Wat voelde ik mij opgelucht dat hij op deze manier reageerde! Niet beledigd, maar refererend aan mijn opvallendste kenmerk van dat moment: de krulsnor boven mijn mondhoeken.

Ruim vier jaar terug, toen ik mijn Pruisische haarbegroeiing na vele decennia van het gelaat haalde, moest ik direct weer aan hem denken. De enige relatie die mij ooit 'snor' had genoemd. Eihoofd heb ik overigens nooit tegen hem durven zeggen.

Toen Oranje, het Nederlands elftal, in het hol van de (Duitse) leeuw het Europees voetbalkampioenschap won, het was 1988, verbleef ik voor het maken van een reportage op Curaçao. Op alle krantenredacties was na het overwinningsfeest door de Amsterdamse grachten de ultieme vraag: Waar gaan de spelers van het Nederlands elftal heen?

Niemand die het wist, leek het. Het best bewaarde geheim van dat moment. Dan kan je als verslaggever maar op één ding hopen: geluk.

'Geluk is met de dommen', wordt er wel gezegd. Hoe dom moet je daarvoor zijn?

De telefoon rinkelde op mijn kamer in het Princess Beachhotel. Een collega van de fotoredactie in Amsterdam meldde dat er een tip was binnengekomen dat een aantal voetbalsterren zou afreizen naar Aruba.

"Het is geen hard gegeven, maar misschien toch de moeite waard om het uit te zoeken", aldus de collega.

Vliegverbindingen tussen de eilanden van de voormalige Antillen gaan af en aan, ook toen al. Alsof het taxi's zijn. Zonder de informatie na te trekken, nam ik het risico van een vergeefse tocht en reisde af.

Op Aruba pochte ik tegenover de manager van het vliegveld speciaal te zijn gestuurd in verband met de ontvangst van de spelers van het Nederlands elftal. Ook mijn relatie met Willy Neef, die daar geen onbekende was, wierp ik in de strijd.

Binnen een kwartier had ik de passagierslijst van de eerstvolgende KLM-vlucht en streepte de namen aan van de belangrijke gasten, die vervolgens buiten de officiële controle om het eiland op mochten.

Bij de naam van Masmeijer ontstond enige argwaan.

"Dat is toch geen voetballer?", wist de manager, die de prestaties van het Nederlands Elftal ook goed had gevolgd.

"Nee, hij is quizmaster van de NCRV, een omroep in Nederland."

"Nou, vooruit. Mag hij ook door."

Met dit ploegje in het hotel aangekomen, was een van de eersten die wij tegen het lijf liepen André van Duin. Hij was een dag eerder aangekomen met zijn toenmalige, jaren later overleden vriend.

Het belang van de krant moest nu worden uitgespeeld.

"Ik heb jullie buiten de douane om het eiland opgeloodst. Kunnen jullie mij nu even matsen met een foto?"

De drie voetballers, Van Basten, Van 't Schip en Rijkaard, werkten geweldig mee door zich onmiddellijk om te kleden en de zee in te duiken. Ook Masmeijer en Van Duin volgden, zodat ik een spartelend vijftal Bekende Nederlanders kon vastleggen.

Met de huidige fotoapparatuur is het een koud kunstje om een opname over een afstand van elfduizend kilometer op zijn bestemming te krijgen. Toen was dat anders en moest er nog een speciale fotozender aan te pas komen.

Als verslaggever was ik daarmee niet uitgerust. Zoeken dus op het eiland naar een fotograaf met zo'n apparaat. Hij moest bovendien te vertrouwen zijn, want welke concurrent wilde deze plaat niet?

De volgende ochtend kopte De Telegraaf boven de exclusieve foto op de voorpagina: Oranje helden rusten uit in Aruba.

Als voetballer moet je scoren. Als verslaggever ook.

Het was mijn ultieme EK-moment.

9 Staat rookt familie-bedrijf De Haan uit

De Rotterdamse curator Carl Hamm gaat bij de rechter-commissaris cassatie instellen tegen het arrest van het gerechtshof in Den Haag, waarin is bepaald dat de Staat niet verantwoordelijk is voor de ondergang van het transport- en verhuisbedrijf De Haan uit Alblasserdam.

De fiscus legde de onderneming in 1997 een aanslag van zestien miljoen gulden op voor illegale sigarettentransporten. Die werden destijds bewust door de opsporingsdiensten doorgelaten om verdachten te kunnen aanhouden. De bedrijfsleiding van De Haan werd echter niet gewaarschuwd.

De belangen in de al bijna vijftien jaar slepende faillissementszaak zijn groot. De Haan was een familiebedrijf met veertien vestigingen in binnen- en buitenland, had tweehonderd werknemers in dienst en bezat een 150-tal voertuigen.

Bron: De Telegraaf

"Ik kan de uitspraak van het gerechtshof niet uitleggen aan Bert de Haan, de voormalig algemeen directeur. Als van iemand ten onrechte zijn huis wordt vernield, zal de verantwoordelijke moeten opdraaien voor de schade met alles erop en eraan om het huis in de oorspronkelijke staat te herstellen."

In deze simpele bewoordingen maakte de curator eind 2011 in de krant duidelijk hoe in deze geruchtmakende faillissementszaak volgens hcm de vork in de steel zit.

"De staat is er debet aan dat een florerend familiebedrijf ten onder is gegaan en zal voor de kosten moeten opdraaien."

Maar zo simpel als Carl Hamm het stelt, blijkt het in de praktijk niet te zijn. Het gevecht om recht van De Haan heeft meer dan vijftien jaar geduurd en geldt daardoor als een van de langstlopende faillissementszaken van het land. De journalistieke aanpak en de afloop worden in dit hoofdstuk weergegeven.

"Ken jij de zaak-De Haan?", werd mij een jaar of tien geleden gevraagd. Ik was uitgenodigd voor een feestje in het hoge noorden en onderdeel van het programma was een excursie naar de voormalige strafkolonie Veenhuizen.

'Vooral interessant voor wie er nog nooit is geweest', vermeldde de uitnodiging met een knipoog naar het drankverleden van menig automobilist. Wie in de achter ons liggende jaren te diep in het glaasje keek en de pech had te worden betrapt, zag zijn rit nogal eens eindigen in Veenhuizen, na tussenkomst van de politierechter.

Ik ken collega's die daar meer dan een weekeinde moesten doorbrengen om hun zonden te overdenken. Namen zal ik niet noemen. Als ik hun verhalen mag geloven, was het een vrolijke bende en een prima locatie om te netwerken. Er werden interessante contacten gelegd.

Dat gold ook deze middag. Ik kwam in gesprek met Arnold Schipper, woonachtig in het westen van het land, niet ver van Alblasserdam en bevriend met Bert de Haan.

Ik moest Schipper ontkennend antwoorden op zijn vraag of 'de zaak-De Haan' mij iets zei. Hij sprak mij aan na gehoord te hebben dat ik journalist ben.

De informatie over de strafkolonie vermengde zich alras met het verhaal van Schipper over zijn vriend De Haan. Ik herinnerde mij weleens in regionale bladen iets over deze smokkelzaak te hebben gelezen, maar de feitelijke ins en outs stonden me niet bij.

"De ervaring van De Haan illustreert dat gelijk hebben in Nederland niet hetzelfde is als gelijk krijgen. Een bonafide bedrijf is geslachtofferd om een paar criminelen te kunnen aanhouden, maar de gedupeerden kunnen nergens hun recht halen. Dat zou toch niet moeten mogen", betoogde Schipper.

Weer terug in het westen besloot ik mij op de hoogte te stellen. Curator Carl Hamm hield in die dagen nog kantoor in Dordrecht en ik kon er een dag in het archief duiken om mij een oordeel te vormen. Ook volgde er een gesprek met Bert de Haan.

Het familiebedrijf De Haan was begin jaren negentig de op één na grootste werkgever in de regio Alblasserdam. De onderneming kwam in problemen nadat een corrupte Belgische douane-ambtenaar, met medewerking van een even dubieus perso-neelslid, tussen eind juli en begin september 1993 grootschalige sigarettensmokkel organiseerde. De directie van De Haan was daarvan niet op de hoogte, zoals later ook uit het recherche-onderzoek zou blijken.

Wel op de hoogte waren opsporingsdiensten, die een aantal illegale transporten doorlieten om de bende erachter te kunnen oprollen. Die opzet slaagde. De deugnieten werden gepakt en later ook veroordeeld, waarbij tegelijkertijd de onschuld van de bedrijfsleiding van De Haan werd vastgesteld.

De belastingdienst tekende het vonnis van het bedrijf door met een aanslag te komen van zestien miljoen gulden, wegens het ontduiken van allerlei heffingen verbonden aan de sigaret-tensmokkel. De aanslag werd een molensteen om de nek van het bedrijf. Klanten trokken zich terug, nieuwe opdrachten bleven uit. De Haan ging uiteindelijk in 1997 failliet.

Personeelsleden verloren hun baan. De eigenaren zagen ook hun oudedagsvoorziening, die in het bedrijf was ondergebracht, in rook opgaan. Een wrang gevolg van de sigarettensmokkel.

De afwikkeling van het faillissement wordt sindsdien geken-merkt door een aaneenschakeling van tegenspoed. De ene lands-advocaat moet plaatsmaken voor een ander, die zich dan hele-maal opnieuw moet inwerken. De toch al hoge werkdruk bij de rechterlijke macht blijkt ook niet bevorderlijk voor een snelle afhandeling. Verbazing wekt het als een enkelvoudige rechter met de zaak wordt belast, terwijl het toch gebruikelijk is dat een smokkelaffaire van de importantie van De Haan thuishoort bij een meervoudige kamer.

"Onwenselijk", oordeelt het gerechtshof later, maar de gedupeerden zijn van die gevolgtrekking geen cent wijzer geworden.

Het aantal belanghebbenden in de zaak-De Haan is met het verstrijken der jaren steeds kleiner geworden. De een na de ander overlijdt. Van de toenmalige directie zijn alleen nog voormalig algemeen-directeur Bert de Haan en een broer in leven. Curator Carl Hamm wordt ernstig ziek.

Allemaal slechte voortekenen voor de afloop.

De Hoge Raad verwerpt het cassatieberoep, waarmee medio 2013 een eind komt aan een gevecht dat ruim zestien jaar heeft geduurd.

De argumentatie van de landsadvocaten dat het bedrijf De Haan er toch al slecht voorstond en toch wel failliet zou zijn gegaan – ook zonder miljoenenaanslag van de fiscus wegens premieontduiking door de sigarettensmokkel – lijkt uiteindelijk bij de hoogste rechters de doorslag te hebben gegeven.

Het laat zich raden dat het vertrouwen van Bert de Haan in de Staat der Nederlanden en de onafhankelijke rechtspraak een onherstelbare dreun heeft gekregen.

10 Zoektocht naar vriendin van geheim agent

Al enige weken is de Russische dubbelspion Alexander Myagkov in ons land ondergedoken.

Hij verblijft ten huize van een aantrekkelijke inwoonster van de legerplaats Ede.

Samen met haar en haar dochtertje wil hij een nieuw leven beginnen. Ergens waar de geheime diensten geen invloed meer op hem hebben. Om dat doel te verwezenlijken leurt Myagkov met opmerkelijke koopwaar.

Voor honderdduizend gulden biedt hij een onthullend manuscript over de geheime diensten aan. In dat manuscript stelt Myagkov dat KGB-agenten hebben bewerkstelligd dat Frankrijk uit de NAVO trad. Dat de Russen al in 1970 het tienjarenplan voor het nieuwe decennium van de NAVO in handen hadden en dat er onder de Russische geheim agenten geen echte communisten zijn.

Accent ging na het afwegen van belangen niet op het aanbod van Myagkov in. De redactie besloot echter wel zijn doen en laten in de publiciteit te brengen. Want voor de Binnenlandse Veiligheids Dienst (BVD) staat het helemaal nog niet vast dat Myagkov met de KGB heeft gebroken. En met de KGB doet Accent geen zaken.

Bron: Accent

Het was op een vrijdagmiddag in 1976 ten tijde van de Menten-affaire, die eerder in dit boek aan bod kwam in het hoofdstuk 'Oorlogsmisdadiger na halve eeuw ontmaskerd'.

De kunstverzamelaar uit het Gooi was na het bekend worden van zijn oorlogsverleden op de vlucht en het land was in rep en roer na een serie artikelen van Hans Knoop over de herkomst van de werken die Menten middels een veiling wilde verkopen.

Alles wees erop dat de schilderijen en andere waardevolle spullen waren geroofd van Oost-Europese joden die hun einde vonden in Hitlers gaskamers. In die dagen stond de telefoon niet stil op de redactie van Accent, het weekblad dat uitvoerig over deze zaak berichtte.

Er meldt zich telefonisch aan het eind van een vrijdagmiddag een vrouw die zegt dringend een journalist te willen spreken. Ze wil niet zeggen over welk onderwerp het gaat. Alleen dat het belangrijk en dringend is.

De volgende ochtend, mijn eerste vrije zaterdag sinds weken, staat nog open in de agenda.

Het risico een querulant aan de lijn te hebben en tijd te verspillen, neem ik op de koop toe.

De vrouw geeft aan dat Utrecht een geschikte locatie is. We spreken af in restaurant Hoog Brabant in winkelcentrum Hoog Catherijne.

Op de vraag hoe ik haar herken, antwoordt ze in het gezelschap te zullen zijn van een man en mogelijk ook een meisje van een jaar of vijf.

Die laatste mededeling doet mij vermoeden dat het wel zal gaan om een voogdijkwestie. Mediaredacties worden vaak hierover benaderd. Heel triest: strijd om kinderen die mensen via de pers denken te kunnen uitvechten.

Omdat niet kan worden uitgesloten dat de afspraak verband houdt met de Menten-affaire, die in die dagen de redactie van het weekblad bijna 24 uur per dag bezighoudt, gaat fotograaf Guus de Jong mee. We hebben betrokkenen dan in ieder geval op de foto staan.

De Jong zal zich verdekt opstellen om de gesprekspartners ongemerkt te kunnen vastleggen. Collega Arnold Burlage gaat aan een ander tafeltje in Hoog Brabant koffiedrinken en geeft zijn ogen goed de kost.

Ik spreek met de twee collega's af naar het toilet te zullen gaan, zodra de vrouw en haar begeleider hebben verteld wat het doel is van het gesprek. We kunnen dan informatie uitwisselen en ons plan trekken.

Geheim agenten bestonden voor mij tot die dag alleen in boeken en films. Europa was verdeeld in Oost en West en iedereen wist dat die twee machtsblokken elkaar op allerlei geoorloofde en ongeoorloofde manieren in de gaten hielden.

Maar dat je zelf betrokken zou kunnen raken in een spionageschandaal, zomaar van de ene op de andere dag, nee, daar had ik nooit bij stilgestaan.

Zij was een moderne, jonge vrouw met kortgeknipt haar en hij had uiterlijke overeenkomsten met Frank Sinatra, de Amerikaanse zanger, en Toon Hermans, de Nederlandse cabaretier, beiden alweer jaren geleden overleden. Het meisje – haar dochtertje, zoals later bleek – was inderdaad meegekomen.

De man vertelde in foutloos Duits een Russisch geheim agent te zijn. Zij had hem leren kennen tijdens een vakantie in Italië en ze waren spoorslags verliefd geworden.

Hun verhaal luisterde als een spionageroman. Het koppel wilde zich losmaken van de geheime diensten en had daarvoor geld nodig. Veel geld.

Hij had een manuscript geschreven over de geheime diensten. Het lag veilig opgeborgen ergens in een kluis in München. Behalve dat de KGB zijn broodheer was, liet Aleksei ('Zeg maar Alexander') Myagkov doorschemeren ook in contact te staan met de Britse geheime dienst. Ze noemden hem daar Alex Wagner.

Volgens het afgesproken scenario spoedde ik mij met de eerste summiere informatie naar het toilet. De Jong en Burlage hadden intussen het een en ander opgemerkt. Er waren op deze vroege zaterdagmorgen opvallend veel belangstellenden voor onze vertrouwelijke ontmoeting in Hoog Catherijne. De Jong had deze onbekende nieuwsgierigen op de foto gezet.

Toen de opnames in Amsterdam uit de donkere kamer kwamen – het was nog de tijd dat fotofilms moesten worden ontwikkeld – lag er een opmerkelijke beeldreportage op tafel.

Niet alleen het 'spionnenstel' stond er op, maar ook een aantal heren, al dan niet met zonnebril, die buitengewoon geïnteresseerd keken naar de ontmoeting van de KGB-agent met Accent. Wat had dit te betekenen?

Wij gingen ervan uit dat de nieuwsgierige onbekenden wel verbonden zouden zijn aan de Binnenlandse Veiligheids Dienst (BVD). 'Onze Rus', illegaal in ons land, zou wel zijn opgemerkt. Wakkere jongens, daar bij de BVD.

De foto's werden in een later stadium voorgelegd aan genoemde dienst, maar informatie over de identiteit van de mysterieuze personen leverde dat niet op.

De BVD beweerde geen idee te hebben wie de heren op beeld waren. En in hoeverre de dienst op de hoogte was van de aanwezigheid van Myagkov in Nederland en zijn amoureuze avonturen in Ede, alsook zijn handelsactiviteiten met een manuscript, bleef in nevelen gehuld.

De geheim agent en de jonge moeder wilden een liefdesnestje bouwen dat bekostigd zou moeten worden door de opbrengst van een manuscript over het werk van geheime diensten. Ze hadden elkaar ontmoet en beter leren kennen tijdens een vakantie op Sicilië.

De vrouw uit Ede moet nu naar schatting rond de zestig jaar zijn. Of zij ooit is getrouwd met haar grote liefde vanachter het toen nog bestaande IJzeren Gordijn en met hem gelukkig is geworden, heb ik niet kunnen achterhalen.

Om meer te weten te komen over deze zaak en hoe ik in een spionagezaak verzeild ben geraakt, deed ik begin 2010 bij de Algemene Inlichtingen-en Veiligheidsdienst (AIVD), de opvolger van de BVD, een verzoek tot inzage van mijn dossier.

Op grond van artikel 47 van de Wet op de inlichtingen-en veiligheidsdiensten 2002 kan eenieder dit doen. Het gaat dan om wat officieel heet 'kennisneming van persoonsgegevens die over hem of haar zijn verwerkt, mits het niet gaat om het actuele kennisniveau van de AIVD, waarbij bronnen en werkwijze geheim moeten blijven'.

Het schriftelijke antwoord van het departement van Binnenlandse Zaken was duidelijk: "Er is helemaal geen dossier-Jongedijk."

Tegen deze mededeling heb ik schriftelijk bezwaar aangetekend. Overeenkomstig het hiervoor wettelijk vastgestelde traject werd in vervolg hierop een besloten hoorzitting gehouden in Den Haag.

In de bijeenkomst verwees ik naar mijn contacten met geheim agent Alexander Myagkov van de KGB en naar de 'samenwerking' bij het schrijven van het boek 'Geheim agent van Tito' van de Joegoslaaf Slobodan Mitric, die op kerst 1973 in Amsterdam drie van zijn landgenoten doodschoot. *(Zie voor dit verhaal het hoofdstuk 'Drievoudige moord met kerst').*

Voorts herinnerde ik de inlichtingendienst eraan een avond lang een ambtenaar van de BVD thuis over de vloer te hebben gehad, die met de vraagstelling kwam wat ik verstond onder 'goed Nederlanderschap'.

Ik was nooit hoofdpersoon geweest in een onderzoek, werd er gesteld, vandaar dat er geen dossier over mij was. Maar, zo werd toegezegd, er zou nader archiefonderzoek in andere dossiers worden gedaan. Dit resulteerde erin dat ik begin augustus 2010 op een vestiging van de AIVD in Zoetermeer mocht langskomen om een mapje door te nemen van 35 pagina's A4.

Het waren hoofdzakelijk kopieën van door mijzelf geschreven verhalen en een weergave van het bezoek dat ik in 1976 aflegde aan de BVD in verband met de observaties die er waren geweest door onbekenden in Hoog Catharijne in Utrecht, waar de ontmoetingen hadden plaatsgevonden met geheim agent Alexander Myagkov van de KGB.

Voor vertrek uit de kamer in het zwaar beveiligde gebouw werd verlangd dat de aantekeningen die ik maakte uit mijn notitieblok werden gescheurd. Had ik vooraf maar niet akkoord moeten gaan met de bepaling dat controle hierop zou plaatsvinden, om te voorkomen dat er geen gevoeligheden mee naar buiten zouden gaan.

In de stukken trof ik weer de naam aan van de Edese vriendin van de KGB-agent. Die kon ik maar niet meer in mijn herinnering naar boven halen. Aantekeningen uit die tijd waren niet bewaard gebleven.

Ik hoop de vrouw te kunnen achterhalen om van haar te horen wat er indertijd nu precies heeft gespeeld. Wat de reden was dat het manuscript uitgerekend aan mij te koop werd aangeboden. En of zij daadwerkelijk verliefd was op Alexander Myagkov, geheim agent van de KGB, of speelde zij maar een rol?

Mijn twee gesprekspartners bij de AIVD wezen er nog op dat het bezoek nooit had plaatsgevonden. Ik stond perplex. De inhoud ervan zou ook nooit tegen wie dan ook worden bevestigd. Ik kreeg een handdruk en mocht in rook opgaan.

Hoog Brabant is dicht. De vrouw woont allang niet meer in de Gelderse legerplaats. Zij stelde zich indertijd voor als 'mevrouw Twigt' en zo stond de naam ook in het 'geheime dossier'. Eindeloos bellen met naamgenoten in het land leverde niets op.

Mevrouw Twigt, waar bent u?

12 Radioavontuur Joost den Draaijer op Sealand

Op het platform Sealand, dat vlak onder de Engelse kust in de monding van de Theems staat, wordt de 22-jarige Hans Lavoo uit Loosdrecht in gijzeling gehouden. Hans is onlangs naar het platform gevaren om daar de Nederlander Evert Bos uit Bussum en twee Westduitsers te bevrijden.

Om Sealand, dat volgens de voormalig majoor van het Britse leger Roy Bates sinds 1967 als een onafhankelijke staat geldt, is een minioorlog ontstaan. Het conflict gaat om het eigendoms-recht van Sealand tussen enkele Westduitsers en prins Roy Bates.

De strijd is inmiddels zo hoog opgelopen dat in het ministaatje een complete oorlogssituatie heerst. Gewapende Sealanders houden 24 uur per dag de wacht. En tijdens het bezoek van ons en een team van het nieuwsweekblad Extra aan het platform zijn wij drie tot vier keer gefouilleerd alvorens een voet op Sealand te mogen zetten.

Bron: De Telegraaf

Waar een bezoek aan je schoonmoeder niet toe kan leiden. Ik sta samen met een mij onbekende jongeman in een lift van haar flat in Den Haag.

We kijken naar elkaar op een manier die typisch is voor liftge-drag: niet recht in de ogen, maar een beetje afwijkend en af en toe naar het plafond. De tekst op zijn T-shirt is zo fors dat die mij niet kan ontgaan: Sponsored by Sealand.

New Zealand ligt aan de andere kant van de wereld. Maar Sealand? Dat zegt mij niks. Ik sta te peinzen.

De jongeman heeft een scherp opmerkingsvermogen. Hij ziet dat ik over de tekst nadenk.

"Ja, Sealand bestaat", zegt-ie.
"Maar bijna niemand die het weet. Ik ben atleet en de prins van Sealand is mijn geldschieter. Loopt u maar even mee, dan laat ik het zien."

De jeugdige atleet heeft op zijn kamer een kaart hangen van Groot-Brittannië met daarop, met pen ingetekend, de locatie van Sealand. Het platform ligt even buiten de vaarroute naar de Theems, recht voor de kust van Harwich.

Hij geeft uitleg: "Sealand is een platform op twee pilaren dat in de Tweede Wereldoorlog is opgericht om Duitse V1's en V2's uit de lucht te kunnen schieten voordat ze Londen en omgeving konden bereiken. Roy Bates heeft daar toen dienst gedaan. Hij is in 1967 teruggekeerd en heeft zich er tot prins uitgeroepen."

Foto's en documenten bewijzen het verhaal. Tussen Engeland en Nederland ligt een ministaatje waar ik nog nooit van had gehoord. Ik ben verrast en wil er meer van weten.

"Ik ga er binnenkort weer heen", zegt de atleet, alsof-ie mijn gedachten kan lezen.
"Het kost wel wat, maar als u mee wilt, kan dat!"

Ik vertel hem wat voor werk ik doe. Dat ik in dienst ben van het weekblad Accent dat over een paar weken wordt opgeheven en daarna zal verschijnen onder de naam Extra. Sealand kan een mooie reportage zijn voor het laatste nummer van Accent, of voor het eerste van Extra.

Tien dagen later stappen fotograaf Glenn Wassenbergh, onze jonge Haagse vriend en ik op het vliegtuig naar Southend-on-Sea. In de Britse kustplaats huren we een helikopter om verder te vliegen naar Sealand.

Het pond is duur. Vier gulden. De helikopterfirma wil er vijfhonderd hebben voor de vlucht met een Aloutte-2. We gaan akkoord. Hoe kom je er anders?

Vanuit de lucht toont het zuidoosten van Engeland zijn landelijke schoonheid. Eerst vliegen we langs de kustlijn naar het noorden. De piloot laat dan het Britse eiland letterlijk links liggen. We zien alleen nog zee. Glenn vraagt aan de piloot of het de eerste keer is dat hij deze route vliegt. De man verstaat de vraag maar half door de herrie van de motoren.

"Nee, ik heb wel eens vaker gevlogen", antwoord hij gepikeerd.
"Als stuntpiloot van Bond, James Bond."

Hij zwenkt onverwacht van links naar rechts, van beneden naar boven. De gordels houden ons op de plaats. Glenn had zijn mond mogen houden.

Behalve een enkel schip zien we onder ons alleen maar schuimkoppen. De Noordzee is onstuimig. Na een minuut of twintig torenen in de verte uit zee de twee pilaren op met het platte dak van Sealand.

Van dichtbij zien we een witte ronde cirkel met de letter H erin. Een vissersboot ligt langszij het platform. Nog meer bezoekers dus, vandaag. De piloot landt keurig in het midden van de cirkel.

De helikopterdeur wordt meteen opengetrokken. We kijken recht in de loop van een geweer.
Er worden commando's geschreeuwd.

"Armen omhoog. Handen tegen het achterhoofd."

We worden gefouilleerd.

"No arms? No arms?" luidt een vraag.

De wind striemt in het gezicht. Welkom op Sealand.

Een ongelukkiger moment om te landen, was er niet. Die zaterdagmiddag blijkt er een operetteoorlog te worden uitgevochten op het platform. Eerder was er een vissersboot uit Scheveningen afgemeerd. Aan boord Hans Lavoo, een neefje van Willem van Kooten, alias Joost den Draaijer, eind vorige eeuw de bekendste radio diskjockey van Nederland.

Lavoo was met de opdracht te bemiddelen in een zakelijk conflict tussen prins Bates en Duits-Zwitserse investeerders naar Sealand gereisd. Hij werd niet vertrouwd en direct in gijzeling genomen.

Het was de tijd van de zeezenders. Veronica, Noordzee, Caroline en London. De radiostations opereerden vanaf schepen voor de Engelse en Nederlandse kust. Bij slecht weer waren ze een speelbal van de golven van de Noordzee.

Dat Lavoo betrokken raakte bij de affaire én een familielid is van Willem van Kooten deed vermoeden dat het conflict om een nieuwe radiozender zou kunnen gaan. Bates had zich immers eerder ook met piratenzenders beziggehouden. Zonder veel succes overigens.

Het kost ons enige moeite om duidelijk te maken dat we partijloze bezoekers zijn. Dat onze atleet komt bijpraten met zijn sponsor en dat wij een reportage willen maken over het 'Principality of Sealand', het prinsdom, zoals het platform officieel heet.

De familie Bates heeft het 'eilandje' nog steeds in eigendom, ook na het overlijden medio 2012 van de eerste heerser, Roy Bates. Zoon Michael is er nu de hoofdbewoner.

Sealand is met een oppervlakte van 550 vierkante meter en een inwonertal van maximaal vijf personen de kleinste staat van Europa. Er worden postzegels uitgegeven en wie kikt op een adellijke titel kan hier terecht voor een paar tientjes.

Willem van Kooten herinnert zich de gebeurtenissen op Sealand nog als de dag van gisteren.

"Ja, mooi verhaal. Zo'n beetje het laatste echte piratenavontuur."

Hij wil meteen zijn kennis van toen met me delen. "Misschien dat ik er zelf ook nog over ga schrijven. In mijn memoires. 'De avonturen van Joost'. Mooi toch?"

Van Kooten: "Sealand heette eigenlijk Rough Sands en ligt zeven mijl uit de kust van Suffolk, in destijds internationale wateren. Het fort was na de oorlog verlaten en in de jaren zestig, geloof ik, in bezit genomen door major Roy Bates, een voormalig commando en oorlogsveteraan. Hij noemde het fort Sealand, verklaarde het onafhankelijk, gaf het een eigen vlag, een eigen munt en een eigen paspoort."

"Bates had alleen altijd geldgebrek. Het fort leverde immers niets op. Kostte alleen maar. Het was een aardig speeltje voor major Roy, die zich prins Roy liet noemen, en voor zijn vrouw Joan. Zij werd uiteraard prinses. Hun zoon Michael, je raadt het al, is ook prins."

"Die Michael bleek een merkwaardig ventje met een kort lontje. Hij moest van zijn vader het fort bewaken, anders zou iemand anders het wel eens kunnen bezetten. Geen lolletje overigens om op Sealand te moeten wonen, want niet alleen was er al tientallen jaren sprake van achterstallig onderhoud, ook faciliteiten waren er in het geheel niet. Geen stromend water, geen toiletten. Helemaal niets. Het was immers voor soldaten bedoeld. En nog wel oorlogssoldaten."

"Het was allemaal betrekkelijk onschuldig tot er een Duits-Zwitserse groepering, bestaande uit niet-onbemiddelde zakenlieden, zich meldde bij de familie Bates met de bedoeling om er een casino te vestigen. Er werd een deal gesloten met prins Roy en de nieuwe partij financierde de plannen."

"Mijn zwager ontmoette het Duits-Zwitserse gezelschap op Cyprus in de bar van Hilton Nicosia, als ik het mij goed herinner. De groep wilde diplomatieke erkenning voor Sealand van zo veel mogelijk landen. Dat was ook de reden dat men op Cyprus verbleef. Tot in de late uurtjes werd er het volkslied van Sealand gezongen. Zo ontstond het contact."

"Ik hoorde ervan en mijn eerste gedachte was: als dat allemaal kan op Sealand, dan kunnen we er ook een middengolfzender installeren voor een radiostation. Radio Veronica en Radio Noordzee waren op 31 augustus 1974 noodgedwongen uit de ether verdwenen. Ondanks allerlei toezeggingen van de Nederlandse regering was er niets voor in de plaats gekomen.

Het zou tot eind jaren tachtig duren, eer er wat beweging kwam in het Nederlandse medialandschap."

"Ik was als rechtgeaard radioman altijd op zoek naar nieuwe mogelijkheden. Ook in 1978.

Het leek met de radioplannen voor Sealand best iets te kunnen worden, totdat de partij Bates ruzie kreeg met de Duits-Zwitserse zakengroep. Om macht en geld ging het, zoals dat ook gaat in de echte wereld. De 'piratenwereld' was niet anders."

"Bates wilde meer steun om het zwaar verwaarloosde Sealand te kunnen renoveren. De nieuwe aandeelhouders wilden of konden niet investeren wat hij vroeg. Dat zal wel het echte twistpunt zijn geweest."

"Evert, een van de werknemers van mijn zwager, was bezig op Sealand met het opnemen van de stand van zaken. Vanuit Scheveningen was hij met een tender naar het fort gevaren."

"Mijn neef Hans Lavoo ging hem ongeveer een week later met dezelfde tender weer ophalen. Hij werd door prins Michael, die tot zijn verrassing gewapend bleek, niet toegelaten tot het fort. Duidelijk werd toen ook, dat Evert in feite min of meer werd gegijzeld."

"Hans kreeg voor elkaar dat Evert van het fort af mocht en met de tender terug kon naar Scheveningen. In ruil daarvoor moest Hans zelf samen met een werknemer van de Zwitsers-Duitse groep op Sealand blijven."

"Wat er precies is misgegaan tussen de familie Bates en de Duitsers ben ik nooit te weten gekomen. Ineens was om de een of andere reden het vertrouwen tussen de twee partijen weg."

"De familie Bates moet hebben gedacht, vermoed ik nu, dat de Duitsers hun speeltje wilden afpakken. Hoe dan ook, wij werden ineens gezien als handlangers van de Zwitsers-Duitse groep. Dat was bepaald niet het geval en was ook niet in ons belang. Wij waren slechts aan het onderzoeken of er een radiozender kon worden geïnstalleerd op Sealand."

"De Haagse advocaat A. Oomen heeft nog een bemiddelingspoging gedaan, maar vergeefs. In die periode is Pistolen Paultje ook nog een keer over het fort gevlogen. Een actie die door prins Michael als provocatie werd gezien en ook niet hielp om Hans vrij te krijgen."

Welke rol de bekende en beruchte Amsterdammer speelde met betrekking tot Sealand is Van Kooten tot op de dag van vandaag een raadsel. Wie het weet, wordt door hem uitgenodigd het te vertellen voor zijn eigen memoires.

Met vaste voet weer op Britse bodem na het avontuur op Sealand bellen wij met Edo Brandt, de hoofdredacteur van Accent/Extra. De wereld is nog onwetend over de gijzeling en het conflict dat zich daar afspeelt.

Brandt voert meteen overleg met de hoofdredactie van De Telegraaf. Nieuws moet je niet vasthouden. De eerstkomende uitgave van ons weekblad duurt nog dagen. Onmiddellijk terugkomen, luidt de opdracht. Het verhaal moet maandagochtend in de krant. De planning: opening van De Telegraaf. Het belangrijkste bericht van de voorpagina.

Op Schiphol staat fotograaf Anton C. Veldkamp ons op te wachten, de chef van Glenn Wassenbergh. De droom van opening krant wordt wreed verstoord. In de loop van zondag stuurt de hoofdredactie van De Telegraaf de eigen nieuwsdienstverslaggever Bert Voorthuijsen met een fotograaf naar Sealand. Ze willen niet afhankelijk zijn van 'een dochter'. Dat ben ik dus, de collega van het weekblad.

Mijn stoppen slaan door. Ik bel Brandt:
    "Mijn verhaal de krant in, of ik stuur je mijn ontslagbrief."

Terwijl Voorthuijsen op Sealand voor alweer een 'verrassingsaanval' zorgt, wordt in Amsterdam druk overlegd. Het levert een compromis op.

Voorthuijsen krijgt de opdracht het openingsverhaal te schrijven en vermeldt daarin dat een reportageteam van het nieuwe weekblad Extra een dag eerder het platform heeft bezocht.

Zo staat het die maandagochtend ook in de krant.

Mijn dienstverband is gered. Toen nog niet wetend dat die over-eenkomst zou doorlopen tot ver in 2013. En wie weet hoe lang hierna nog?

12

Helikoptercrash journalistiek bloedbad

De piloot van het helikopterdrama op de Maasvlakte heeft gistermiddag in de laatste seconden voor de crash, die aan vier inzittenden het leven kostte, gepoogd de tientallen fietsers van het peloton van de Tour du Port te ontwijken. Getuigen uit de kopgroep concluderen dat in een reconstructie tegenover De Telegraaf.

Een motoragent die voor de wielrenners uitreed, ging boven op zijn remmen staan uit vrees te worden geraakt door de uit de lucht vallende heli. De politieman kwam ten val.

Burgemeester Aboutaleb van Rotterdam sprak gisteravond van een opzichzelfstaand ongeluk

"Het is een vreselijke dag, maar de Tour is de Tour. Zoiets tragisch kan altijd gebeuren. We moeten dit evenement niet te zeer verbinden met de Tour de France."

Bron: De Telegraaf

Het is een prachtige dag, zondag 27 juni 2010. Strak blauwe lucht, zo goed als windstil.

Voor het eerst deze zomer ontbijten we in de tuin. Daarna begint de voorbereiding voor mijn dienst van die middag voor de krant van maandag.

De Rotterdamse en de Haagse redactie van De Telegraaf draaien in het weekeinde een gecombineerde dienst, hetgeen wil zeggen dat een verslaggever uit de ene stad 'voorwacht' heeft en een collega uit de andere stad 'achterwacht'. De eerste rukt uit bij calamiteiten, de tweede is permanent bereikbaar en wordt opgeroepen om bij te springen als daartoe aanleiding is.

Als ik dienst heb doe ik op zo'n zondagmorgen een aantal handelingen die het werk op de redactie in Rotterdam, later die middag, moeten vereenvoudigen.

Op mijn laptop bekijk ik het nieuws dat persbureaus melden, ik open teletekstpagina 101 van Nederlandse televisiezenders en zap door naar 'de Duitser', de ARD en het ZDF, want de actuele gebeurtenissen bij de oosterburen blijf ik op de voet volgen, ook al ligt het correspondentschap in Berlijn alweer tien jaar achter me.

Rond half twee piept en trilt de semafoon (bij ons 'pager' genoemd) in mijn broekzak. Het is een apparaatje iets groter dan het bekende lucifersdoosje en het heeft een afleesbare display waarop mededelingen voor de pers worden doorgegeven vanuit de meldkamer van de politie in Rotterdam.

'Helikopter neergestort. Maasvlakte'.

Ik kijk nóg een keer, of er wel staat wat ik lees, want deze melding verbaast mij ten zeerste bij de hoogzomerse weersomstandigheden van vandaag. Rustiger kan nauwelijks. Het zicht moet uitstekend zijn, ook op de Maasvlakte.

Op dat moment leg ik nog geen enkel verband met de uitnodiging die de donderdag voorafgaand aan dit weekeinde is verstuurd aan het e-mailadres van onze redactie in Rotterdam:
Aan het begin van de Tourweek in Rotterdam dendert een gesloten peloton van duizend wielrenners in allemaal dezelfde

shirtjes over een spectaculair haventraject van ongeveer zeven kilo-
meter tussen een containerlandschap op de kade van de Amazone-
haven met aan de andere kant de Maasvlakte-2 volop in ontwikke-
ling. Aansluitend rijdt het peloton een ronde over de dijken van de
Slufter, het depot voor baggerspecie dat normaliter gesloten is voor
wielertoeristen. We bieden De Telegraaf de mogelijkheid opnames
vanuit de lucht te maken van dit evenement en aansluitend ook
stockmateriaal van de bouw Maasvlakte-1 en 2 te schieten. De tocht
begint en eindigt op Rotterdam Airport en duurt van 12.15 uur tot
13.45 uur.'

Kort en zakelijk bespreken we die donderdagmiddag op de redactie wat te doen met deze uitnodiging. Er moet een besluit worden
genomen. Op maandag is er geen speciale pagina in de krant met
nieuws uit Rotterdam en regio, zoals dat van dinsdag tot en met
vrijdag wel het geval is.

De kans dat de eindredactie in Amsterdam het onderwerp
van de fietstour landelijk wil meenemen, schatten we in als klein.
Bovendien gebeurt er dit weekeinde van alles, van kabinets-
formatie tot WK voetbal en de TT in Assen. Een bijkomend
argument om zelf niet mee te gaan, is het feit dat het om een
tourtocht gaat zonder competitie-element. We leggen de invitatie
dus terzijde.

Direct na de melding van het ongeluk bel ik met Roel Dijkstra, de
nauw aan onze krant verbonden freelance fotograaf voor de Rotterdamse regio. Hij springt onmiddellijk op zijn motor en scheurt
naar de Maasvlakte. Zelf ga ik naar Rotterdam Airport om meer
te weten te komen over de verongelukte heli en de inzittenden.

Het alarmeringssysteem met de 'pieper' is een aantal jaren geleden in de plaats gekomen voor het afluisteren van de FM-band
op de radio. Daar zat het communicatiekanaal van de politie.
Iedereen kon de berichten vanuit de meldkamer naar de surveil-
lancewagens opvangen. Dat had tot gevolg dat zich altijd een
legertje sensatiebeluste afluisteraars naar de plek van de meldin-

gen spoedde, om niet zelden de hulpdiensten daar in de weg te lopen.

Sporen van een misdrijf liepen gevaar als afluisteraars eerder ter plaatse waren dan de politie. Bovendien bleek steeds vaker dat criminelen een radio met FM-band meenamen om de benen te kunnen nemen als ze hoorden dat een surveillancewagen de opdracht kreeg hun richting uit te komen.

Bij de ontwikkeling van het nieuwe, tegen afluisteren beveiligde communicatiesysteem C2000 voor hulpdiensten is ook de alarmering van de pers betrokken. Vanuit centrales worden tegenwoordig journalisten die zijn aangemeld en officieel geregistreerd op basis van de landelijk erkende politieperskaart, ingeseind als er een calamiteit is gebeurd.

Wat precies onder calamiteit valt, is permanent onderwerp van discussie. Hulpdiensten kunnen immers zelf bepalen welke alarmering wel en welke niet wordt gecommuniceerd met de media.

Dit systeem maakt censuur mogelijk, of kan, anders gezegd, lastige pottenkijkers op afstand houden. Op de redactie in Rotterdam hebben wij hier voorbeelden van meegemaakt. Zo bestaat het vermoeden, voorzichtig uitgedrukt, dat ongeregeldheden met allochtone jongeren en voetbalhooligans lang niet altijd hun weg vinden naar de semafoon.

Op het vliegveld wordt gemeld dat de inzittenden van de helikopter waarschijnlijk journalisten zijn, maar een officiële bevestiging komt er nog niet.

In de loop van de middag is er de zekerheid dat de verongelukte helikopter daadwerkelijk het perstoestel was. Het dodental staat dan op drie. Een zwaargewonde vecht in het ziekenhuis nog voor zijn leven.

De deelnemers aan de wielertour hebben het Feyenoord-stadion als eindbestemming. Daar staat een verslagen president-directeur Hans Smits van het organiserende Havenbedrijf Rotterdam als hij een telefoontje krijgt dat zijn medewerker Martijn Hessing op de operatietafel het leven heeft gelaten. Hessing is de vierde dode. Een vader van twee jonge kinderen. Zoon van Rob Hessing, die ik ken van vroeger toen hij korpschef was van Rotterdam-Rijnmond.

Hessing sr. vertrok naar Parijs, om het Nederlandse drugsbeleid aan de Fransen uit te leggen en te verdedigen, ongeveer in dezelfde periode dat ik naar Berlijn ging. We deelden verwachtingen. Hadden het erover, hoe we het zouden redden met onze taal(on)vaardigheid.

Het plotselinge verlies van zijn zoon moet een mokerslag zijn.

Roel Dijkstra doet op de Maasvlakte zo goed en zo kwaad als het kan zijn werk, wetende dat de fotocollega's Ben Wind en Rob Cloosterman omgekomen zijn. Alleen Ed Oudenaarden kan het navertellen, al blijkt die woordkeuze weken later, als hij herstellende is, onjuist: in zijn geheugen zit een zwart gat betreffende de fatale gebeurtenis op die zondagmiddag.

Oudenaarden brak zo ongeveer alles wat een mens kan breken. Hij heeft nog gepoogd vanuit een rolstoel te werken, maar is inmiddels volledig afgekeurd en heeft zijn fototoestel aan de wilgen gehangen.

Voordat Dijkstra weer op zijn motor stapt, gaat hij onderuit. Van emotie. Een hulpverlener staat hem bij en belet het wegrijden, als hij weer bij zijn positieven is. "Eerst even rustig bijkomen, jij", beveelt de man.

Dijkstra: "Dertig jaar geleden stond ik met een aantal van deze collega's bij de Moerdijk, toen daar een vliegtuig was neergestort. Nu zijn zij zelf slachtoffer. Het is absurd."

Voor de directbetrokkenen was dit ongeluk een drama. Een woord dat steeds vaker in de media wordt gebezigd bij calamiteiten, ook als aard en omvang dat misschien niet rechtvaardigen.

Bij de brand die begin 2011 het bedrijf Chemie-Pack in Moerdijk verwoestte en die leidde tot een enorme rookpluim sprak minister Ivo Opstelten van Veiligheid al snel van een ramp, ondanks het feit dat er géén doden en géén gewonden vielen.

De bewindsman deed zijn uitspraak, naar wordt aangenomen, onder druk van de grote bezorgdheid onder een deel van de bevolking die een rookwolk over zich heen had zien trekken en die ernstige vervuiling van lucht en bodem vreesde.

Het NOS-Journaal speelde er met opmerkelijke gretigheid op in door op zoek te gaan naar iedere minimale normoverschrijding en dit zo aangedikt mogelijk door een bezorgde deskundige de huiskamers in te brengen. De zalen die door de autoriteiten waren afgehuurd voor informatiebijeenkomsten puilden uit. Ouders durfden hun kinderen niet meer buiten te laten spelen en groenten en zuivel uit een groot gebied gingen uit de handel. Angst regeerde, terwijl de officiële metingen van het RIVM níet verontrustend waren.

In 1977 brandde in Amsterdam hotel Polen af en 34 mensen kwamen om in de vlammen. In die dagen waren er nog maar twee tv-zenders, Nederland 1 en 2, die er drie etmalen aandacht aan besteedden en toen was het over. Het woord ramp viel geen enkele keer.

"Als ze allemaal roepen dat het niets voorstelt, zijn ze snel klaar", verklaart Menno van Duin, specialist op het gebied van rampenbestrijding, de paniekbeoordeling van de journalisten die verslag deden bij ChemiePack.

"Het was natuurlijk ook een mediagenieke gebeurtenis, de ontploffingen en de enorme rookwolken."

Verslaggevers moeten het publiek een spiegel voorhouden van de werkelijkheid. De gebeurtenissen in de juiste context plaatsen door feiten en fictie van elkaar te scheiden.

Als ze hun werk goed doen, wordt een ongeluk in de media pas een ramp als het ook echt een ramp is. En niet eerder.

13 Virus op ingezwaaid vlaggenschip Rotterdam

Burgemeester Aboutaleb van Rotterdam heeft gisteren het vlaggenschip van de Holland Amerika Line met de naam van de stad officieel 'ingezwaaid' nu het Rotterdam weer helemaal als 'thuishaven' heeft. Gelijktijdig verrijkte Aboutaleb de Nederlandse taal met een nieuw werkwoord.

"U zult inzwaaien nog vergeefs zoeken in het woordenboek, maar als migrant heb ik er recht op om tot deze nieuwe variant te komen."
Afwachten of Van Dale' de suggestie gaat oppakken.

Bron: De Telegraaf

Grote schepen bereiken de stad nog nauwelijks, uitgezonderd die van de cruisemaatschappijen. Menig Rotterdammer houdt de cruiseagenda in de gaten om bij aankomst en/of vertrek te gaan kijken naar deze zeereuzen.

De 'loveboats' meren af bij de cruiseterminal aan de Wilhelminapier, dezelfde kade waaraan ook hotel New York is gevestigd, ooit het hoofdkantoor van de legendarische Holland Amerika Line (HAL). Vanaf deze locatie vertrokken medio vorige eeuw tienduizenden landgenoten naar de nieuwe wereld om daar een tweede leven op te bouwen.

De band tussen Rotterdam en de Holland Amerika Line is hecht. Later in dit boek zal ik herinneringen ophalen aan Jaap Jongedijk, mijn in 1977 overleden vader, die medio jaren vijftig met de Noordam de oversteek maakte om in het kader van een journalistieke uitwisseling een half jaar bij een Amerikaanse krant te gaan werken.

Het getuigt van historisch besef en gevoel voor ondernemingszin dat Rotterdam de band met deze rederij koestert en erin is geslaagd het vlaggenschip met de naam van de stad als thuishaven te krijgen.

Mai Elmar, directeur van de cruiseterminal, is de stuwende kracht achter deze ontwikkeling. Zij is tot op heden, enigszins tot haar spijt, nog altijd de enige vrouw met de titel Havenman van het Jaar, maar ze bevindt zich wel in het goede gezelschap van eenendertig heren, van wie er als ik dit schrijf nog 28 in leven zijn. Een gezonde onderscheiding dus.

De belangstelling van de media was groot toen begin mei 2012 het motorschip Rotterdam (niet te verwarren met het historische stoomschip Rotterdam, het voormalige vlaggenschip van de rederij dat voor Katendrecht zijn vaste stek heeft) afmeerde aan de Wilhelminapier en burgemeester Aboutaleb op het bovendek de vlag van de stad mocht hijsen als feestelijke omlijsting.

Cruiseschepen hebben de zorg voor duizenden passagiers en een kleiner aantal bemanningsleden als het gaat om maritieme veiligheid. Het zijn tegenwoordig niet alleen de elementen die de aandacht vragen, steeds vaker monsteren ook virussen aan als verstekeling.

Het Noro-virus dat aan land een voorliefde heeft voor verpleegtehuizen en klinieken, bleek ook aan boord. Een aantal verscherpte hygiënemaatregelen wees hierop. Dit viel de media op, waarna het virus zich ook publicitair verspreidde. Een paar dagen na verschijnen van het verhaal meldde zich per e-mail Rob Z. bij de redactie.

"Ik was passagier op de Rotterdam. Er was geen buikloop want dan gaan de buffetten dicht en gaat men over op bediening. Inmiddels heb ik contact gehad met de HAL en ook zij vinden de berichtgeving van De Telegraaf tendentieus. Ik accepteer van u en van anderen geen onwaarheden over eventuele problemen en ik verzoek u het bericht te rectificeren. Het is dus moeilijk om over een materie te schrijven, als je er geen verstand van hebt," aldus de ingezonden reactie.

Als verslaggever kan je die in je zak steken. Rob Z. was zeker van zijn zaak. In zo'n geval krijgt de lezer gelijk, totdat het tegendeel is bewezen.

'Goed dat u reageerde. Bij het eerstvolgende contact met betrokkene(n) check ik nogmaals de feiten.' Een feitelijke formaliteit, want aan boord was de ziekte al bevestigd en ook andere media hadden hetzelfde nieuws opgepikt en daar uiteraard eveneens navraag naar gedaan.

De rederij bevestigde dan ook de ziektegevallen aan boord van de Rotterdam en de betreffende e-mail van de Holland Amerika Line werd doorgestuurd aan Rob Z., die zelfs niet de beleefdheid had om even te reageren, laat staan zijn ongelijk te erkennen. Ook dat is verruwing van de maatschappij.

Redacties krijgen veel lezersreacties. Mensen onder anderen die graag hun eigen mening in de krant willen terugzien. De kans daarop is klein bij de scherpe selectie die wordt toegepast om doublures van standpunten te voorkomen en de relatief geringe ruimte.

Dan zijn er de 'vaste briefschrijvers'. Volhardende mensen, in de regel, die meestal ondefinieerbare onderwerpen aansnijden en hun roep om aandacht maar blijven herhalen.

Een voorbeeld:

"Er waren eens een stel al te zotte 'tornadoproefkonijnen', waarmee je rustig meer dan een kwart eeuw grenzeloos en eindeloos de meest 11 september tragische, educatieve 'Tornadoproeven' op vliegtuigen kon blijven houden, zonder dat daar een haan officieel naar kraaide sinds 6 oktober 1981 bij Moerdijk."

Afzender is een zekere M. van H., die een instituut runt 'ter analyse van Existentiële problemen van transport'.

Het is heel goed mogelijk dat hij vecht voor een eerbiedwaardige zaak en misschien zelfs het gelijk aan zijn kant heeft, maar de manier waarop hij aandacht vraagt, zet bij de redactie geen zoden aan de dijk. Het betoog is te ingewikkeld, te onduidelijk en te lang van stof – en dat ook nog eens onduidelijk met de hand geschreven – om van een journalist te verlangen er serieus mee om te gaan.

Van H. verschuilt zich in ieder geval niet achter anonimiteit, zoals veel van zijn soortgenoten. Al jarenlang vinden we met enige regelmaat zijn teksten in de redactiebrievenbus, waarbij het uitblijven van succes hem niet schijnt te deren.

Dan is er ook nog de categorie die langskomt op de redactie en dat blijft doen, ook al is beleefd maar duidelijk aangegeven dat de verslaggevers niet zijn geïnteresseerd in de boodschap.

Het zijn mensen die willen overtuigen, dogma's hebben of via de krant familievetes willen uitvechten, dan wel denken juridische problemen over voogdij te kunnen oplossen door het geschil in de publiciteit te brengen. Onderwerpen waaraan je als redactie je vingers beter niet kunt branden.

Zeker niet als betrokkene heeft nagelaten een advocaat in de arm te nemen die afstandelijk inzicht kan verschaffen om een goed oordeel mogelijk te maken.

Querulanten zijn net als vliegen. Ze blijven terugkomen, maar doodslaan mag je ze niet.

Niet iedereen komt dus 'zomaar' met zijn of haar verhaal in de krant, al zou je dat als kritisch lezer in nieuwsarme tijden weleens vermoeden.

Zeker als er krokodillen opduiken of wolven op plaatsen waar ze niet horen.

14

Scheiding in kappersland

Theo van Mullekom uit Helmond had er nooit bij stilgestaan, hoe zwaar het leven is van ouders van kinderen met een handicap. Totdat hijzelf in 2004 werd getroffen door een zwaar herseninfarct.

De ogen van het voorheen altijd actieve gemeenteraadslid gingen open in het revalidatiecentrum Blixembosch, waar hij maanden achtereen was veroordeeld tot een rolstoel. Als hulpbehoevende deed hij zichzelf een belofte: als ik hier ook maar enigszins gezond uitkom, ga ik uit dankbaarheid voor het herstel iets organiseren voor de gehandicapte medemens.

Bron: De Telegraaf

Dat gezondheid niet vanzelfsprekend is, ervoer Theo van Mullekom medio 2004. Van de vrolijkheid van de zingende kapper en het kritische raadslid van de eenmansfractie Helmond Aktief was plotseling weinig meer over. Een hersenbloeding had Van Mullekom in de letterlijke zin van het woord lamgeslagen.

Het was schrikken hem in die toestand aan te treffen in een rolstoel in het revalidatiecentrum Blixembosch. Dat hij ooit weer de oude zou worden, leek op dat moment net zo onwaarschijnlijk als dat er door de opwarming van de aarde palmbomen gaan groeien op de Noordpool. Van Mullekom kon niet meer lopen, was eenzijdig verlamd en nauwelijks te volgen als hij sprak.

In zo'n situatie is een mens geneigd – ikzelf voorop – om van alles te beloven, als de gezondheid maar terugkomt. Maar wie houdt zich daaraan als het wonder eenmaal is geschied?

"Als ik hier ook maar enigszins gezond uitkom, ga ik ieder jaar een feest organiseren voor de gehandicapte kinderen van wie er hier in Blixembosch zo veel zijn."

Van Mullekom werd weer gezond. Niet voor honderd procent, maar in de omgang is van een handicap weinig tot niets te merken. Genezing kan niet worden afgedwongen. Een patiënt krijgt herstel in de regel niet cadeau. Ook Van Mullekom niet, die zich aan allerlei voorschriften moest houden en met het consequent doen van oefeningen zelf bijdroeg aan het uiteindelijke resultaat. Zelf kijkt hij daarbij als gelovig rooms-katholiek naar boven, dankbaar.

Het plan om één keer per jaar 'iets' te gaan doen voor gehandicapten heeft Van Mullekom intussen meer dan waar gemaakt. Het is niet zomaar een feestje geworden, maar een geheel verzorgd festijn van vrijdagmiddag tot aan het eind van de zondag voor meer dan honderd gehandicapte kinderen met vaders, moeders, broers, zussen en – in sommige gevallen – ook de grootouders.

Afgelopen jaar, 2012, werd het verwenweekeinde voor de zevende keer gehouden en waren in totaal meer dan zeshonderd mensen te gast op een recreatiepark in het Brabantse Asten. Alles, maar dan ook werkelijk álles, was voor hen geregeld. Eten, drinken, verzorging en entertainment door zangers, sneltekenaars, clowns en animatoren. Bowlingbaan, tropisch zwembad en kinderspelvoorzieningen stonden tot ieders beschikking.

"De doktoren hebben geen idee wat mijn kind mankeert", vertelde een moeder met een zoontje in een wagentje. Ik was er als verslaggever bij. Met Van Mullekom heb ik al jaren een goede verstandhouding. Hij nodigde mij al vaker uit, maar het onderwerp gehandicapten is bij kranten niet sexy.

"Het enige wat ze weten, is dat hij meervoudig gehandicapt is. Om erachter te komen wat precies, moet hij eindeloos door de molen", stortte de eerder geciteerde moeder haar hart uit.

Toch was er een blijde glimlach op haar gezicht.

"We zijn er heerlijk twee hele dagen uit."

Het verwenweekeinde van Van Mullekom is onbetwist het grootste evenement voor gehandicapten in zijn soort in geheel Europa. Opzet en invulling zijn de eerste drie jaren bijna geheel alleen gedaan door Theo van Mullekom.

Hij 'bedelt' de sponsoren bij elkaar die hun steun in de meeste gevallen in natura leveren. Dat proces van overtuigen en over de streep trekken duurt maanden en vindt zijn afronding als Van Mullekom in zijn eigen auto komt voorrijden om de toegezegde waar op te halen.

"Je moet even langskomen", vroeg hij drie jaar terug.

"Ik zit met een kamer vol knuffels, want die kinderen gaan natuurlijk niet met lege handen naar huis."

Maar de werving gaat niet altijd vlekkeloos.

Voor het eerste verwenweekeinde zegde een vakantiepark tientallen bungalows toe. Dat aantal moest op het laatste moment worden teruggebracht tot twaalf, terwijl Van Mullekom al meer dan honderd gasten had geboekt. Hij slaagde erin elders een wel toereikend alternatief te vinden.

Na de eerste drie meer dan geslaagde afleveringen is de stichting VerwenEvent opgericht, zodat de initiatiefnemer er niet meer alleen voor staat. In tegenstelling tot sommige andere charitatieve instellingen is dit geen orgaan van bobo's die vooral zichzelf profileren.

Wát als Theo van Mullekom geen hersenbloeding had gekregen, of zich na herstel niet aan zijn belofte had gehouden? Wie had het dan opgenomen voor deze kinderen en hun families?

Een televisiecamera was bij het meest recente verwenweekeinde niet te bekennen. Een radiomicrofoon ook niet. Zelden trouwens in al die jaren, hoewel de uitnodigingen altijd naar de pers worden verstuurd. En de regionale krant volstaat doorgaans met een kort berichtje als vooraankondiging.

Wat moet je daar nu op zeggen als mediaman?

Dat het de hoogste tijd wordt voor (meer) gehandicapte collega's in het vak.

Zijn die er trouwens wel?

In vier decennia journalistiek ben ik er, voor zover ik me kan herinneren, nooit één tegengekomen.

Het eerste contact met Theo van Mullekom was jaren geleden, telefonisch. Hij was boos en later heb ik leren begrijpen waar het fanatisme vandaan komt, als Theo van Mullekom het idee heeft dat hem onrecht is aangedaan. En ik hád hem, overigens niet bewust, onrecht aangedaan, zoals uit de uitleg straks zal blijken.

Deze bijzondere man van inmiddels 74 jaar tolereert niet dat iets wat recht is krom wordt genoemd of omgekeerd. Recht is recht en krom is krom. Punt uit. Theo van Mullekom marchandeert daar niet mee. Werk, status, het maakt Theo van Mullekom niet uit, want buigen voor iets wat naar zijn overtuiging niet in de haak is, dat doet hij niet. Het is zoals het is. Van zwart maakt hij geen wit en van rond geen vierkant. Hij is een man van principes.

Hoe ik dat zo zeker weet? Jarenlang heb ik nu al contact met Theo van Mullekom. Deze Brabander zou ik een vriend kunnen noemen, want hij is mij zeer toegenegen door de manier waarop hij in het leven staat. Daar ben ik jaloers op. Altijd bezig met en voor anderen. Onvermoeibaar en rechtdoorzee.

Ondanks mijn grote sympathie voor hem is en blijft Van Mullekom een relatie van het werk, ook al komen we weleens bij elkaar over de vloer. Dan is het 'mijnheer Van Mullekom'.

Als onafhankelijk journalist hou ik nu eenmaal van het bewaren van afstand. Hij respecteert dat. Dus is het 'mijnheer Jongedijk, en geen, Theo'. Ook al hebben we onze voornaam gemeen.

"Ze hebben u maar wat wijs gemaakt", of woorden van gelijke strekking, was het eerste wat ik ooit hoorde uit de mond van Theo van Mullekom. Het zal in de jaren tachtig zijn geweest. Met dat 'ze' doelde hij op de Algemene Nederlandse Kappersorganisatie, de werkgeversorganisatie ANKO, die later Koninklijk zou worden.

"Van u was toch dat stuk in de krant dat er een groot tekort aan kappers dreigt?"

Een persbericht van de ANKO was op mijn bureau terechtgekomen en na een telefoontje met het werkgeverskantoor in

Huizen verscheen het bericht in druk over de te verwachten ontwikkeling.

"Niets van waar, zoals zo veel niet waar is wat door de ANKO de wereld in wordt gebracht."

Het kon niet anders dan dat er een gesprek met deze kritische kapper, want zo noemde Theo van Mullekom zich, moest gaan plaatsvinden.

"U hebt zich maar wat op de mouw laten spelden."

In de salon in Helmond werd mij door het echtpaar Van Mullekom, want ook zij was toen nog kapster, uitgelegd dat deze branche destijds voor een deel bezig was om op te leiden voor het thuiscircuit – en mogelijk gebeurt dat nog altijd.

"Als een kapper of kapster midden twintig is, wordt hij of zij te duur bevonden. Er volgt ontslag of betrokkene gaat eigener beweging weg, om in beide gevallen te eindigen in garage, kelder of andere voorziening in huiselijke omgeving. Buiten alle regelgeving om wordt er dan een eigen klantenkring opgebouwd. Tegen scherpe prijzen. Daarmee creëert de branche zijn eigen concurrentie."

Destijds bestond de vestigingswet nog, die later zou worden afgeschaft, waarmee de door de Van Mullekoms zo verfoeide praktijken zelfs werden gelegaliseerd. Iedereen met een schaar mag en kan tegenwoordig het bordje kapper aan de deur hangen. Het was een van de vele redenen voor het echtpaar Van Mullekom om er de brui aan te geven.

Het verhaal over de kritische kapper Theo van Mullekom, dat op basis van de in Helmond opgedane kennis werd opgeschreven, bezorgde de krant talloze reacties van knippende collega's in den lande, die de aangekaarte misstanden herkenden. Het was het begin van een reeks verhalen. Zaken als onduidelijke subsidiestromen en ondemocratische verdeling van bestuursfuncties kwamen erin aan de orde.

Onderzoeksrapporten lekten uit. De ANKO werd omschreven als een organisatie met een sterk stalinistische inslag.

"Een orgaan dat bol staat van vriendjespolitiek en belangenverstrengeling."

De werkgeversorganisatie had in die jaren een speciale post juridische procedures op de begroting om procedures aan te spannen naar aanleiding van Telegraaf-publicaties, maar de krant zelf – altijd hoor en wederhoor toepassend – werd nimmer gedaagd.

Van Mullekom was, in tegenstelling tot veel van zijn vakgenoten, als kapper niet alleen bezig met zijn salon en zijn klanten, maar hij verdiepte zich ook in regelgeving en het beleid dat daarop werd losgelaten door de brancheorganisatie ANKO. Hij bekleedde er een blauwe maandag een bestuursfunctie, maar raakte alras in conflict met zijn omgeving, principieel als Van Mullekom was en is.

Bij het voeren van oppositie laat hij zich weleens gaan, dat is Van Mullekoms enige makke. De gvd's zijn als goed Brabander en vroom katholiek dan niet van de lucht. Wie niet weet of doorziet dat dit niet meer is dan stoom afblazen, heeft het dan wel met hem gehad – ten onrechte dus.

15

Onbegrepen boodschap voor 'burgemeester'

De opvallende luchtreclame met de tekst 'Burg. ik hou van je, Marco' van afgelopen vrijdag boven het centrum van Rotterdam blijkt geen politieke lading te hebben, maar was een particuliere actie om een huwelijk te redden.

Bron: De Telegraaf

Na de gemeenteraadsverkiezingen van begin 2010 in Rotterdam bleek een hertelling van de stemmen nodig om te kunnen komen tot een officiële einduitslag. Er waren onregelmatigheden geconstateerd.

Het verschil tussen de Partij van de Arbeid en Leefbaar Rotterdam bleef ook na de tweede telling beperkt tot minder dan duizend stemmen, een zeer nipte overwinning in het voordeel van de sociaaldemocraten.

De PvdA kreeg op grond hiervan het recht om het initiatief te nemen bij de onderhandelingen voor een nieuw Rotterdams college van burgemeester en wethouders. Dit tot groot verdriet van Leefbaar Rotterdam, de partij van Marco Pastors.

De oppositieleider in Rotterdam wilde na vier jaar dolgraag weer op het pluche. Er kwam dus een charmeoffensief richting de 'grote vijand', in de hoop dat een grote coalitie van sociaaldemocraten en Leefbaren toch haalbaar zou zijn.

Tegen deze achtergrond was het allerminst vreemd dat er medio maart 2010 een vliegtuigje boven het gemeentehuis van Rotterdam cirkelde met een reclamesleep, waarvan de tekst luidde: Burg. ik hou van jou, Marco.

Die bewuste vrijdagmiddag loop ik in de stad. De opmerkelijke reclameboodschap aan de blauwe hemel valt mij op en ik maak er een foto van. Vervolgens toetst ik het mobiele telefoonnummer van Marco Pastors om hem om commentaar te vragen.

Uren verstrijken, maar wie er ook terugbelt, geen Pastors. Andere raadsleden van Leefbaar Rotterdam houden zich die middag eveneens onbereikbaar.

Later wordt duidelijk dat de nieuwe Rotterdamse gemeenteraad, inclusief de griffie en de burgemeester, met de boot naar Duisburg zijn vertrokken om elkaar beter te leren kennen.

De houdbaarheid van nieuws op internet is beperkt. Telegraaf-i is een actueel medium en kan direct worden ingezet, terwijl de papieren krant pas de volgende dag weer verschijnt.

De aan de hemel geuite 'liefdesverklaring' van Pastors aan Aboutaleb vraagt erom snel te worden gebracht. Het heeft nieuwswaarde die middag. Bericht en foto komen op de site.

Pastors ontkent in het weekeinde erop iedere betrokkenheid bij de sleepvlucht boven de stad. Het reclamebedrijf op Rotterdam/ The Hague Airport dat de boodschap heeft verzorgd, wil wel openheid betrachten en brengt mij in contact met de 'hemelse' adverteerder. Pastors is inderdaad niet de opdrachtgever. Het betreft een particulier met de voornaam Marco, net zoals Pastors.

"Ik ben veertien jaar getrouwd. Mijn vrouw en ik kennen elkaar precies twintig jaar. Onze relatie zit in een dip en ik heb die reclameboodschap de lucht in gestuurd om haar te tonen dat ik echt nog van haar houd. Haar achternaam begint met dezelfde vier letters als het woord burgemeester. Om die reden is Burg haar koosnaam geworden. Dat heeft dus helemaal niets te maken met Aboutaleb. Het vliegtuigje vloog over het stadhuis in Rotterdam omdat haar kantoor daar vlakbij zit."

Toeval bestaat niet, wordt er vaak beweerd. Een reeks opeenvolgende toevalligheden speelde mij hier als journalist parten. Ik sloeg die middag de plank volledig mis.

De moraal van dit verhaal: het trekken van conclusies, hoe voor de hand liggend ook, is een journalistieke fout. Zeg maar blunder. Het gaat om feiten. Die leken voor de hand te liggen, maar waren dat niet.

Overigens, er kwam in Rotterdam géén college van Partij van de Arbeid met Leefbaar Rotterdam, zoals Marco Pastors hoopte. De sociaaldemocraten weigerden het pluche met de Leefbaren te delen, zodat Pastors en de zijnen wederom de oppositie in moesten. Marco zelf hield de politiek voor gezien. Hij leidt tegenwoordig het project van opwaardering van het stadsdeel Zuid.

Begin 2014 zijn er weer gemeenteraadsverkiezingen. Ook in Rotterdam. Het kan dus nog altijd: een liefdesverklaring van Marco Pastors aan burgemeester Ahmed Aboutaleb.

16

Verslaggever in de boeien om valsemunterij

Afrekenen met dollars is in een internationale stad als Amsterdam een ingeburgerd verschijnsel. In de koffiebar van een van oorsprong Amerikaans hotel had het personeel afgelopen week dan ook aanvankelijk geen enkel bezwaar tegen deze manier van betalen.

Maar toen onze verslaggever tot verbazing van alle aanwezigen een ongesneden vel dollarbiljetten van maar liefst 32 stuks tevoorschijn toverde en een schaar vroeg om het verschuldigde bedrag uit te knippen, brak er verwarring uit.

Omdat niemand zich kon voorstellen dat het geld echt was, werd de politie gealarmeerd. Nog geen tien minuten later klikten de handboeien om de polsen van onze verslaggever en werd hij afgevoerd, verdacht van een poging om vals geld in omloop te brengen.

Bron: De Telegraaf

"Kunnen we hier een broodje eten en betalen met dollars? We zijn net terug uit de VS, nog geen tijd gehad om te wisselen."

"Geen enkel probleem heren, zegt u het maar."

We geven de bestelling op en de serveerster vertrekt.

Iets verderop zit fotograaf Wim Hofland. Op zijn tafel staat een tas die speciaal is geprepareerd om onopvallend opnames te kunnen maken.

We hebben deze locatie midden in Amsterdam gekozen vanwege het internationale karakter van het hotel. Betalen met dollars zal hier geen probleem zijn, veronderstellen we. Het eerste deel van ons plan verloopt als gepland. We wachten op ons eten.

Het idee om iets te doen met het vel dollars dat relatie Bram Bom uit Amerika heeft meegenomen, ontstaat spontaan als hij langskomt op de redactie in Rotterdam.

"Kijk eens, wat een souvenir. Ik ken toevallig de baas van de Amerikaanse bank. Dat is, zeg maar, een grote zus van De Nederlandsche Bank. De directeur gaf me een rondleiding en vertelde honderduit over de dollar. Ik kreeg een paar van deze vellen. Je mag het geld uitgeven door zelf de schaar erin te zetten en de biljetten eruit te knippen."

Op dat moment wordt het idee geboren voor een reportage. Hoe zou er in de horeca worden gereageerd als we dat in de praktijk brengen?

Verslaggevers moeten opereren binnen wettelijke regels. De media meten zich de functie aan van waakhond. Dan kun je geen loopje nemen met de voorschriften. Alle reden dus om een goede check te laten uitvoeren.

Het dollarvel wordt aangeboden voor onderzoek op het hoofdkantoor van De Nederlandsche Bank in Amsterdam. De afdeling 'verwisselingen-betalingen' voldoet aan het verzoek om schriftelijk te verklaren dat de biljetten mogen worden uitgegeven.

"Knippen is toegestaan", aldus de verklaring. Met deze schriftelijke garantie op zak gaan we op pad. En nu is het tijd om te betalen.

"Wij willen afrekenen. Kunt u ons ook een schaar brengen?"

De serveerster vertrekt met een blik in haar ogen die verraadt dat ze het maar een vreemd verzoek vindt. Het dollarvel ligt uitgevouwen op ons tafeltje als ze terugkeert met rekening en schaar.

"We moeten het bedrag even knippen. Dat is zo gebeurd."

De vrouw kijkt met grote ogen. Je ziet haar twijfelen wat te doen.

"Ik ga mijn baas halen. Dit heb ik nog nooit eerder meegemaakt."

De hoteldirecteur vraagt beleefd of wij niet op een andere manier kunnen afrekenen.

"Nee, dit is het enige geld dat we bij ons hebben. Net terug uit Amerika, ziet u. En geen tijd gehad om te wisselen."

"Ik roep de receptionist. Hij heeft bij American Express gewerkt. Ik moet weten, of dit vel echt is."

De kring mensen om ons heen groeit.

"Nog nooit gezien. Dit kan niet echt zijn."

Zijn baas zegt daarop:

"Het spijt me, heren. Ik zal de politie moeten bellen."

Twee jeugdige agenten kijken even later al even verbaasd naar het dollarvel. Kort hiervoor hebben zij hun voertuig met hoge snelheid en loeiende sirene de stoep voor het etablissement opgereden.

Ook zij vragen of we niet op een andere manier kunnen afrekenen. Het antwoord is natuurlijk ontkennend.

"Gaat u dan maar mee naar het toilet. We gaan u fouilleren."

Het geüniformeerde tweetal zet mij direct klem tegen de muur. Ze pakken het dollarvel af.

Handboeien klikken om mijn polsen.

"U wordt verdacht van het in omloop brengen van vals geld. U bent aangehouden en u gaat mee naar het bureau."

Wim Hofland fotografeert mijn roemloze aftocht als arrestant. Ook Bram Bom heeft de polsen op zijn rug. De agenten brengen ons naar hun Volkswagen. We worden op de achterbank geduwd. Voordat ze het portier dichtgooien, krijgt Bram een rechtse directe in het gezicht. Hij is woedend en zijn blik verraadt ook dat de klap hard is aangekomen.

De wachtcommandant fungeert als hulpofficier van justitie en wij worden aan hem voorgeleid. We maken onze identiteit bekend en vertellen een reportage te maken voor de krant. De man bekijkt de verklaring van De Nederlandsche Bank over de echtheid van het dollarvel.

"Ik zal het geld in beslag moeten nemen en proces-verbaal moeten opmaken. Als het allemaal klopt wat u zegt, krijgt u het dollarvel over een paar maanden terug."

Bram Bom is nog steeds kwaad en wil weten waarom hij een dreun in het gelaat kreeg.

"We kunnen hier maar een beperkt aantal arrestanten per dag verwerken. De agenten weten wanneer het maximale aantal is bereikt. Nieuw binnengebrachte verdachten staan daarna sneller weer op straat dan zijzelf. Het mag natuurlijk niet, maar uit frustratie wil er dan wel eens een klap vallen. Jullie waren in de ogen van onze agenten wel criminelen."

De hoofdredactie schrapt het geweldsincident uit de tekst voor de zaterdagkrant. De overweging is dat we niet op pad waren om de politie te testen, maar om te ervaren hoe de horeca zou reageren op het uitknippen van dollars uit een groot vel.

Wij staan die middag binnen een half uur weer buiten het politie-bureau. In het hotel wordt verbaasd gereageerd als de gevreesde valsemunters zich zo snel weer vertonen. De hoteldirecteur is blij te horen, dat hij geen criminelen over de vloer heeft gehad, maar 'onschuldige' verslaggevers. Hij accepteert onze excuses voor het ongemak onder het genot van een drankje.

In het hotel hebben ze aanvankelijk gedacht te maken te hebben met Banana Split, het tv-programma van Ralph Inbar dat mensen op de hak nam, zoals Frans Bauer dat tegenwoordig doet.

De directeur: "Inbar had onze portier weggelokt en een andere geüniformeerde man bij de ingang geplaatst. Bij het openhouden van de autodeur gaf deze nepportier de klant een fooitje, in plaats van andersom."

"We moesten natuurlijk wel serieus reageren, toen dat dollarvel op tafel kwam. Als je niet van je afbijt, lopen ze over je heen en zit het hier binnen de kortste keren vol met mensen die denken dat ze kunnen betalen met geld uit het Monopoly-spel."

De officier van justitie retourneert het in beslag genomen dollar-vel na een aantal maanden met een verklaring dat uit onderzoek duidelijk is geworden dat het om een wettig betaalmiddel gaat. Om die reden ziet hij ook af van vervolging.

Maar de reportage heeft dan allang in de krant gestaan. Overtuigd als we waren van onze onschuld.

17

Charmante havenbaas kopje onder

De aanloop naar wat in 2004 uitmondt in 'het Rotterdamse havenschandaal', met algemeen directeur Willem Scholten als centraal figuur, begint al in 1986. Dat blijkt uit het verhaal dat Scholten, tot medio vorig jaar een van de meest gevierde directeuren van het Havenbedrijf ooit, zelf heeft geschreven aan de vooravond van de affaire.

Het stuk is gedateerd 31 mei 2004. Dat is kort voordat de autoriteiten in Rotterdam voor het eerst lucht krijgen dat er 'iets' speelt bij het Havenbedrijf. Er blijkt door Scholten een garantstelling van 25 miljoen euro te zijn afgegeven ten behoeve van RDM Vehicles, een van de ondernemingen in de Rotterdamse haven van 'bedrijvendokter' Joep van den Nieuwenhuyzen.

Het verhaal van Scholten is een document van vier A4'tjes, waarin behalve het jaar 1986 nog vijf tijdperiodes tot eind mei 2004 worden beschreven. Het verslag is zakelijk van aanpak en feitelijk van opbouw, maar geeft de lezer ook een kijkje in de gemoedstoestand van de schrijver.

"Mijn wereld stort in", valt er in het tijdvak 2002 te lezen. Daarin geeft Scholten ook uiting aan zijn grootste frustratie van dat moment: "Het moeten zakendoen met de RDM van Van den Nieuwenhuyzen in het belang van de Rotterdamse haven zonder daar met iemand nadrukkelijk over te kunnen spreken."

Waarom? Dat is in de herfst van 2004 de vraag die iedereen zich in Rotterdam stelt als blijkt dat Scholten niet 'slechts' voor 25 miljoen euro aan garantstellingen ten behoeve van de RDM heeft afgegeven, maar dat het gaat om een totaalbedrag van maar liefst 183,5 miljoen.

Bron: De Telegraaf

Het hoger beroep in de zaak Scholten dat mogelijk nog dit jaar (2013) zal dienen, kan rekenen op veel media-aandacht. Daar staat het oproepen door de verdediging van twee prominente getuigen garant voor.

Ivo Opstelten, destijds burgemeester van Rotterdam en tegenwoordig minister van Veiligheid en Justitie, en Wim van Sluis, ten tijde van het publiek worden van het financiële schandaal havenwethouder van Rotterdam, zullen met de vingers omhoog moeten verklaren of zij werkelijk niets hebben geweten van de miljoenengaranties.

Willem Scholten heeft altijd gesteld in volledige eenzaamheid te hebben geopereerd, zoals hij ook beschrijft in het memo dat mij ter hand is gesteld door een tussenpersoon, van wie ik de naam uit bronbescherming niet zal noemen.

De krant publiceerde op zaterdag 3 september 2005 een verhaal op basis van het memo onder de kop 'Het geheim van Willem Scholten' met als toevoeging 'Vertrouwelijk memo geeft zielenroerselen gevallen havenbaron Rotterdam prijs.'

Met welk doel kreeg ik het stuk in handen? Wilde de relatie die ik op dat moment pas kort kende de krant en mij een dienst bewijzen, of ging het om het bespelen van de publieke opinie ten gunste van de verdachte? Ik durf met zekerheid te stellen dat het draaide om dat laatste.

De journalist, in dit geval mijn persoon, werd dus gebruikt c.q. misbruikt voor het belang van een verdachte. Die inschatting maakte ik destijds ook al en zonder schroom werkte ik eraan mee.

Verwerpelijk? Nee, zeg ik. Er gebeurde niets illegaals. Had de lezer na zo'n lange tijd van zwijgzaamheid van de kant van Scholten niet eindelijk eens het recht om ook zijn visie te vernemen? De autoriteiten hadden hun mediaoffensief al lang gehad.

In het stuk schetst Scholten zijn angst voor de plannen van Van den Nieuwenhuyzen om een vernieuwde versie van de onderzeeboot uit de zwaardvisklasse te leveren aan Taiwan.

China beschouwt het kleine eiland als een afvallige provincie en die transactie zal, zo luidt de overtuiging van Scholten, tot een boycot leiden van de Rotterdamse haven. De havenbaas vreest in dat geval een economische ramp.

Uit het memo: "Op een gegeven moment laat de heer Van den Nieuwenhuyzen aan mij weten dat hij door minister Van Aartsen (destijds Buitenlandse Zaken, T.J.) benaderd wordt om toch alsjeblieft niets te tekenen, terwijl de winst voor de RDM-Groep na verkrijging van het contract 500 miljoen dollar is. Van den Nieuwenhuyzen geeft aan dat hij eventueel bereid is ervan af te zien als de Nederlandse regering en het Nederlandse bedrijfsleven compensatieorders geven aan de RDM-Groep ter waarde van ten minste 100 miljoen euro."

Volgens Scholten heeft Van den Nieuwenhuyzen over deze zaak contact gehad met topambtenaar Oosterwijk (Economische Zaken) en werkgeversvoormannen Jacques Schraven en Arie Kraaijeveld. De laatste twee zijn bereikbaar voor commentaar en hun mening wordt verwerkt in het krantenverhaal.

Het duo, afzonderlijk van elkaar: "In regeringskringen was destijds bezorgdheid over een mogelijke Chinese boycot als er weer duikboten aan Taiwan zouden worden geleverd." Eerder gebeurde dat in 1986.

Tot zover een terugblik op de mogelijke kern van de zaak die bekendheid geniet als de havenaffaire-Scholten. Het woordje 'mogelijk' staat er zeer bewust, want een groot aantal vragen is anno 2013 nog altijd niet beantwoord.

Speculaties zijn er genoeg. Waar het in de media voorheen om feitenverzameling en weergave daarvan ging, is de huidige journalistieke trend het ontleden van alle denkbare mogelijkheden.

Toen bekend werd dat Lance Armstrong bij Oprah Winfrey over zijn wielerloopbaan zou komen praten, werd er dagenlang gespeculeerd wat de zevenvoudig tourwinnaar zou gaan zeggen. Vriest het een paar dagen, dan bezondigen de media, ongeacht het kwaliteitsniveau, zich evenzeer aan veronderstellingen wanneer de Tocht der Tochten kan plaatsvinden en zo ja, wie hem gaat winnen.

Om niet alleen af te gaan op wat ik zelf van de Rotterdamse havenaffaire weet, of theoretisch voor mogelijk houd wat er destijds gebeurd zou kunnen zijn, hebben collega-havenjournalisten van mij het verzoek gekregen om hun visie op de zaak-Willem Scholten met de lezer te delen.

De aanpak was een twijfelgeval. Aanvankelijk overwoog ik mijn vakgenoten concrete vragen voor te leggen. Daar heb ik toch vanaf gezien, want objectieve formulering is erg moeilijk, zo niet onmogelijk, waardoor de beantwoording ongewild zou worden gestuurd.

De collega's kregen de volgende e-mail:

"De wielerjournalistiek heeft (terecht?) het verwijt gekregen zeven jaar lang in de directe nabijheid te zijn geweest van Lance Armstrong zonder iets in de gaten te hebben gehad van zijn onsportieve gedrag.

Hetzelfde geldt voor de financiële journalistiek met betrekking tot de banken, de wetenschapsjournalistiek aangaande de onderzoekingen van Diederik Stapel en zo zijn er nog meer sectoren te benoemen die op de voet worden gevolgd door de media.

Als voormalig voorzitter van de opgeheven Rotterdamse havenpersclub Kyoto steek ik liever de hand in eigen boezem. Geen havendirecteur was zo makkelijk toegankelijk als Willem Scholten, maar ik heb niet in de gaten gehad wat er speelde.

Waar heeft de Rotterdamse havenjournalistiek gefaald? Of is er niet gefaald, omdat Scholten deed wat hij moest doen in het belang van de haven? Jullie zien: ik houd alle mogelijkheden open bij deze voorzet om kritisch in de spiegel te kijken."

Er werd boven verwachting op gereageerd.

"Wat in mij opkwam toen ik jouw oproep las, was dat de zaak-Lance niet goed vergelijkbaar is met de zaak-Scholten. In het geval Lance ging het om vermoedens die niet bewijsbaar waren, bij Scholten waren die vermoedens er in het geheel niet, zeker niet publiek, maar volgens mij zelfs niet in kleine kring", schrijft Frank de Kruif, verslaggever van Nieuwsblad Transport.

"Willem Scholten heeft volgehouden dat hij die garanties aan Joep van den Nieuwenhuyzen in het geheim heeft afgegeven. Voor zover mogelijk, want er waren natuurlijk wel advocaten en banken bij betrokken. Dat heeft zich niet voltrokken in de publieke sfeer. Volgens mij (en ik heb de zaak goed gevolgd) is er in het proces tot nu toe niet gebleken dat het anders lag."

"Mijn mening is dat de pers niet kon weten dat dit speelde. Zodra er wel iets naar buiten kwam (de eerste bank die aan de bel trok toen de garanties moesten worden ingeroepen) is de pers er bovenop gesprongen en heeft ook gepubliceerd (het FD had de primeur)", aldus De Kruif.

Anton Heuff, nu gepensioneerd, voorheen werkzaam bij Het Vrije Volk en het Algemeen Dagblad, is kort in zijn commentaar:

"Dit soort zaken komt alleen in de media als er een bron van binnenuit aan de bel trekt. Er moet iemand informatie lekken. Zonder dat blijven zaken toegedekt."

Freelance-journaliste Janny Kok schreef uitgebreid over de affaire-Scholten in het Britse maritieme blad Fairplay. Fraai schilderde zij het portret van de in opspraak gekomen havendirecteur.

"Tijdens Scholtens directieperiode werd het Havenbedrijf gemanaged als een fictief familiebedrijf zonder externe controle. Scholten was een Rotterdammer in de traditionele zin van het woord en had een omvangrijk netwerk van sociale en zakelijke contacten dat hem in de directievertrekken van multinationals bracht en zelfs in de bestuurskamers daarvan, alsmede in de raad van toezicht van de lokale voetbalclub Feyenoord. Hij nam in havenzaken zelfstandig beslissingen, ook als het om grondtoewijzingen ging, zonder anderen te consulteren. Niemand scheen hem daarin te kunnen stoppen. Scholtens verdediging tijdens de rechtszaak kwam erop neer, dat hij de rol op zich had genomen van entrepreneur van de haven."

Kok zegt een goede bron te hebben die haar heeft verzekerd dat Scholten wel degelijk in de fout is gegaan. Ze meldt geen details, maar volstaat met de verwijzing door haar bron naar Jan Blaauw, de meest legendarische hoofdcommissaris van politie ooit in Rotterdam:

"Het gaat om de drie d's: dalven, dubbeltjes en dames." Dalven is een minder bekende aanduiding voor het vragen van persoonlijke korting door ambtenaren.

Hans Roodenburg, freelancer voor nieuwssite Rotterdam

Vandaag en Morgen en de Oud-Rotterdammer, tevens publicist van maritieme boeken en in zijn 'vorig leven' verslaggever bij Het Vrije Volk en Rotterdams Dagblad:

"De vergelijking met de wielerjournalistiek gaat niet helemaal op, want alle wielerverslaggevers wisten toen al dat er iets 'fout' zat met stimulerende middelen, overigens in een periode dat niet te bewijzen viel dat zij boven bepaalde waarden uitgingen. Vele collega's ter sportredactie waren ook blind voor de andere kant van de medaille."

Roodenburg vervolgt:

"Bij Willem Scholten is het heel anders gegaan. Zelfs zijn eigen directiecollega's en zijn raad van commissarissen (sic!) hadden geen verdenkingen. Het feit dat hij met de 'garanties' buiten zijn boekje was gegaan, had niemand ontdekt als Joep van den Nieuwenhuyzen gewoon alles op tijd netjes had betaald van de leningen waarmee hij de RDM en aanverwante activiteiten overeind probeerde te houden. Iedereen vond dat ook prachtig; zelfs het Financieele Dagblad was daar positief over! Bij de kwestie kan zeker ook een kwalijke rol worden toegedicht aan de alertheid van de raad van commissarissen van het Havenbedrijf (en hetzelfde geldt misschien zelfs voor de controlerende politici van Rotterdam)."

"De corruptie van Willem privé met Joep van den Nieuwenhuyzen (het gebruik maken van mooie panden in Antwerpen en het betalen van vergoedingen) was ook nooit aan het licht gekomen als de hele kwestie niet aan het rollen was gebracht vanwege opgeëiste garanties. Dat zie je nog steeds vaak: de beerputten van Van Rey in Roermond, vastgoedaffaires en zelfs bij SNS Reaal gaan pas open als naderhand blijkt dat er iets fout ging. Wijlen mijn schoonvader had altijd een prachtige opmerking over zijn dorp: 'Wat onder de roos blijft, blijft daaronder totdat iemand uit de school klapt of vooral als er geldtekorten blijken,'" aldus Roodenburg.

"In de wielerwereld zaten onze sportcollega's er zelf elke dag met de neus bovenop. Dat kun je van ons als havenjournalisten niet stellen. Integendeel, we waren altijd afhankelijk van lekken van anderen die wat dichter bij het vuur zaten. Ik heb één keer slechts een kleine irritatie ten opzichte van Willem Scholten gekend."

"Dat was tijdens het met drank overgoten jaardiner van Deltalinqs, toen ik hem vroeg naar iets minder belangrijks – ik weet niet eens meer wat – waarop hij zei 'kom morgenochtend maar langs, dan vertel ik het je wel'. 's Avonds laat belde de persvoorlichter van het Havenbedrijf al op dat de afspraak niet door kon gaan."

"Scholten was in mijn ogen een van de beste algemeen directeuren van het Havenbedrijf die ik heb meegemaakt. Niet alleen door zijn gemakkelijke omgang, maar vooral ook omdat hij havenzaken adequaat aanpakte, op welke manier dan ook (blijkt achteraf!), en de oppositionele politici inpakte met goede beleidsargumenten."

"De collega's die nu roepen dat zij het al van tevoren zagen aankomen, willen heel goedkoop 'scoren'. Vraag ze maar eens naar een publicatie waarin zij hun bedenkingen over Willem Scholten in de specifieke zaken die nu aan de orde zijn, hebben geuit. Ik denk niemand!"

"Hoewel het om een veel en veel kleinere schaal gaat, heb ik wel weet van vele journalisten (en zeker hoofdredacteuren) die zich voor een appel en een ei (en voor een snoepreis) lieten fêteren. Sommigen van hen lieten zich daarna ook verleiden iets positiever te schrijven over een bedrijf, reis of activiteit dan zij normaal gesproken van plan waren."

"Misschien heb ik daaraan zelf soms onbewust ook meegedaan."

Roodenburg schrijft het woord onbewust dikgedrukt en sluit af:

"Daarbij denk ik aan de Nederlandse multinationals Shell, Unilever, Philips en heel af en toe Akzo, die de hele gezaghebbende Nederlandse pers eind jaren zeventig en beginjaren tachtig uitnodigden om zonder kosten de activiteiten in verre landen, met name het Verre Oosten en Japan, te laten zien."

Op dat laatste aspect gaat ook Wim de Regt in, voormalig verslaggever van de Haagsche Courant en het Rotterdams Nieuws-blad, en vele jaren voorzitter van de toenmalige havenpersclub Kyoto:

"De journalistieke benadering van de zaak-Scholten is naar mijn mening een schoolvoorbeeld van wat ik een doodzonde noem: de veel te intieme banden tussen journalisten en een zakelijke relatie, in dit geval de havendirecteur. Scholten was een populaire man, getalenteerd om journalisten in te pakken. En dat heeft hij ook gedaan. Toen bekend werd dat hij van een ernstig misdrijf werd verdacht, hoefde hij geen kritische journalisten te vrezen; de maritieme pers was in de loop van de jaren zo ver-trouwd geraakt met hem, dat zij het niet kon opbrengen om de affaire objectief te onderzoeken."

De Regt heeft de affaire, zoals hij zelf aangeeft, vanaf de zijlijn gevolgd.

"Omdat ik helaas al met pensioen was."

"Ik heb mij verschillende keren geërgerd aan uitspraken van collega's in de geest van 'Dat kan onze Willem niet hebben gedaan. Hij was toch zo'n harde werker. De haven was hem alles'. De excuses voor Scholten lagen bij voorbaat voor het oprapen."

"Mijn leermeesters in het journalistieke vak hebben nooit nagelaten om te waarschuwen niet te intiem te worden met rela-ties. Daar hebben ze nog steeds gelijk in. Vandaag staat de direc-teur van een onderneming op de voorpagina in verband met een geslaagde investering, de volgende maand blijkt dat hij een fraudeur is. Een integere journalist kan daar alleen betrouwbaar over berichten, als hij afstand tot die persoon heeft bewaard. Die instelling zijn journalisten ten opzichte van hun lezers verplicht", vindt De Regt.

"Ik wil niet al te kritisch zijn, maar het moet me toch van het hart dat (haven)journalistiek in Rotterdam niet altijd voldoende afstand houdt van het verfoeilijke 'ouwe-jongens-krentenmik'. Het kan ook zijn dat ik te rechtlijnig ben. Maar dat heeft mij als journalist nooit gehinderd. En mijn zakelijke relaties waarschijn-lijk ook niet", aldus De Regt.

De karakterisering van Willem Scholten door de collega's,

zoals hij ten tijde van zijn directeurschap van de Rotterdamse haven was, komt volledig overeen met het beeld dat ik van hem heb. Scholten was inderdaad 'onze Willem'.

De Rotterdamse haven is ons werkgebied en levert competitiestrijd met Antwerpen en Hamburg om de meeste lading over te slaan. Scholten was de man die daaraan leiding gaf en de lijnen uitzette. Dat deed hij met charme, glamour, innemendheid en een vooruitziende blik.

Bij het sluiten van het laatste stuk van de zeewering voor Maasvlakte 2 medio 2012 hadden onbekenden een megaspandoek op een viaduct richting havenuitbreiding gehangen. Geen geïnviteerde voor het feest met koningin Beatrix kon dat doek missen. De tekst in koeienletters luidde:

'Waar is Willem Scholten?'

Dit signaal vroeg aandacht voor een historisch feit: het plan om na de eerste Maasvlakte de blik te richten op verdere havenuitbreiding in zee kwam uit de koker van Willem Scholten. Even goed was hij de man die het idee lanceerde om in Oman een satelliethaven te bouwen naar Rotterdams voorbeeld. Waar ooit alleen palmbomen stonden en de wereld verder alleen bestond uit zand, groeit nu tegen de klippen op de havenplaats Sohar.

Dit is geen persoonsverheerlijking van iemand die dat niet (meer) verdient. Het zijn feitelijke constateringen: Scholten heeft ook positief bijgedragen aan de ontwikkeling van de haven van Rotterdam, zoals Lance Armstrong zijn waarde bewees voor de strijd tegen kanker.

Als voorzitter van de Stichting Havenman/-Vrouw van het Jaar mag ik ieder jaar deze onderscheiding uitreiken aan een persoon die zich op een bijzondere manier heeft ingezet voor de haven.

Het is een eerbetoon dat leeft. Het hele jaar door krijg ik stille en minder stille hints van mensen uit het Rotterdamse bedrijfsleven die een kandidaat weten. Het is niet gebruikelijk daarover uit de school te klappen. Laat dit de eerste en enige keer zijn: de naam Scholten wordt mij al jarenlang met regelmaat ingefluisterd en niet telkens door dezelfde personen.

Ik voel mij als havenverslaggever ook beentje gelicht door Willem Scholtens strapatsen. Laat dat duidelijk zijn. Toen het gerucht de ronde deed dat hij persoonlijke problemen zou hebben en om die reden zijn huisadres had verruild voor een verblijf op een jacht, zocht ik hem op om de gegevens te verifiëren.

"Nu niet, ik vertel het je later wel een keer."

Later circuleerde in de haven het verhaal dat Scholten was verhuisd naar Antwerpen. Ook dat was een potentieel verhaal: de hoogste Rotterdamse havenbaas die gaat wonen onder de rook van zijn grootste concurrent, nee sterker nog, in de rook van zijn grootste concurrent, Antwerpen.

Het appartement waar het later om bleek te gaan, was eigendom van Joep van den Nieuwenhuyzen. De rechtbank beschouwde deze dienstverlening aan een man wiens huwelijk was spaak gelopen als omkoping, want Scholten zou er geen cent voor hebben hoeven betalen. Het onderkomen zou bovendien naar Scholtens smaak en behoefte door Van den Nieuwenhuyzen zijn aangepast. Laatstgenoemde werd in juli 2013 door de rechtbank in Rotterdam in zijn rechtsgang veroordeeld tot 2,5 jaar cel.

Achteraf heeft iedereen gelijk en op grond van die stelling kan ik mezelf verwijten dat ik toen niet veel doortastender ben geweest. Maar…er waren destijds helemaal geen aanwijzingen, zelfs niet de minste, dat er iets anders aan de hand was dan een echtscheiding.

Als Willem Scholten in het geheim heeft gehandeld bij het verlenen van de garanties aan de bedrijven van Joep van den Nieuwenhuyzen is dat een actie geweest die niet strookt met zijn openhartig karakter.

Scholten was een extravert algemeen directeur die van zijn hart geen moordkuil maakte. Hij was geen binnenvetter die uit angst, vrees of schaamte zaken onbespreekbaar liet. Geen einzelgänger zonder vrienden als klankbord. Als hij al gezwegen heeft tegenover niemand uitgezonderd, dan moet Scholten vanaf het begin hebben beseft dat hij goed fout zat.

Een journalist met een grote staat van dienst als politiek commentator bij het vroegere Rotterdams Nieuwsblad is Koos de Gast, de enige erevoorzitter die de toenmalige havenpersclub Kyoto heeft gehad.

De Gast stelt in zijn bijdrage aan dit hoofdstuk dat hij zo ongeveer de enige was die het van het begin af aan voor Willem Scholten heeft opgenomen.

In de verslaggeving lag het accent vrijwel geheel op de strafrechtelijke kant, stelt De Gast, en bleef volgens hem de invloed van China op Scholtens handelen onderbelicht.

Eind 2004 nam De Gast duidelijk stelling in het blad 'Friends in Business':

"Willem is er de man niet naar om geld naar een ondernemer te sluizen op basis van diens mooie ogen. Garanties ten behoeve van Rotterdamse bedrijven komen vaker voor. Het zou aardig zijn als het Havenbedrijf een lijstje zou maken van bedrijven die in de afgelopen tien jaar met garanties zijn geholpen en waarbij het goed is gegaan."

"Natuurlijk bestaat er in de politieke arena aan de Coolsingel grote irritatie", stelde De Gast in zijn artikel in 2004 vast.

"Terecht. Maar buiten het stadhuis bestaat zowel verbazing – 'wie verwacht dit' – als een poging het te begrijpen: 'Hij moet een goede reden hebben gehad.'"

De Gast zegt destijds, naar aanleiding van het geciteerde verhaal, uit de kring om Willem Scholten heen de als compliment bedoelde mededeling te hebben gekregen, 'dat hij in publicitair Nederland het dichtst bij de waarheid zat'.

"Daarna ben ik steeds meer in een soort complot gaan geloven", schrijft De Gast anno 2013.

"Ik word daarin nog steeds bevestigd. Het is toch hoogst vreemd dat een op zichzelf eenvoudig delict, maar in financiële omvang onvoorstelbaar, nog steeds niet heeft geleid tot een finale veroordeling. Volgend jaar, 2014, is het *tien* jaar geleden dat de Rotterdamse havenwereld opschrok en min of meer stijl achteroversloeg. Een paar overwegingen:

- Geen rechtsgang over een in feite helder vergrijp duurt zolang als deze zaak. Nooit heeft iemand uitgezocht waarom een aantal malen vlak voor een rechtszitting de officier van justitie werd vervangen, waardoor de behandeling vanwege het inwerken van een nieuwe functionaris moest worden opgeschort.

- Na verloop van tijd stak justitie meer tijd in het onderzoek naar vermeende corruptie dan naar de ten onrechte verleende garanties op leningen. Van alles werd erbij gehaald tot en met het logeren in een Antwerps appartement van Joep van den Nieuwenhuyzen.

- Er werd inderdaad voor zo'n vergrijp een relatief lichte gevangenisstraf uitgesproken, maar naar mijn idee meer als kapstok om hoger beroep aannemelijk te maken dan als straf voor het verspelen van honderd miljoen (de uiteindelijke schade, hoofdzakelijk voor de banken, TJ) aan leningen. Het heeft de gemeenschap, na alle juridische procedures van banken tegen gemeente en Havenbedrijf, trouwens nauwelijks geld gekost.

- Je kunt je trouwens ook afvragen of justitie het lef heeft om na bijna tien jaar deze gevangenisstraf nog ten uitvoer te brengen. Verjaard, zou ik zeggen.

- Al deze overwegingen versterken mijn complottheorie dat Willem Scholten inderdaad bang was voor een Chinese boycot als Joep van den Nieuwenhuyzen duikboten aan Taiwan zou leveren en dat, voordat hij besloot tot garanties voor leningen aan Joeps RDM, hij daarover overleg heeft gepleegd, met naar ik denk de minister-president, de ministers van Economische Zaken en van Buitenlandse Zaken, en misschien ook wel met de zich van den domme houdende burgemeester van Rotterdam en de havenwethouder. Maar dat zal pas duidelijk worden als over een jaar of vijftig geheime notulen of stukken openbaar worden, als ze al openbaar worden.

- Andere verklaringen kan ik voor de slepende rechtsgang niet bedenken. Ik voorzie dat uiteindelijk de hele zaak vanwege de te lange rechtsgang wordt geseponeerd."

Koos de Gast loopt met dat laatste punt op de feiten vooruit.

Het horen van getuigen – de namen van de minister van justitie en de oud-havenwethouder vielen al in het begin van dit verhaal – in verband met het hoger beroep gaat mogelijk toch nog antwoorden geven op een aantal vragen uit dit dossier.

De namen van Willem Scholten en Joep van den Nieuwenhuyzen blijven voorlopig in het nieuws. Veroordeelde verdachten, dus criminelen. Omdat algemeen bekend is om wie het gaat, worden de namen van de twee heren in krantenverslagen, maar ook in dit boek, voluit vermeld.

18

'Kuilen met steile wand' bij Oosterscheldekering

De waterkerende werking van de Oosterscheldekering is op termijn in gevaar. In de bodem aan beide kanten van de wereldberoemde waterkering, die miljoenen mensen in het zuidwesten van Nederland moet beschermen tegen de zee, zijn gaten ontstaan van meer dan vijftig meter diep. Dit blijkt uit informatie van Rijkswaterstaat Zeeland in het bezit van De Telegraaf.

"Om ervoor te zorgen dat de bodembescherming zijn huidige functie kan blijven vervullen, dient te worden voorkomen dat deze verder kan verzakken, eroderen, wegspoelen, afschuiven of beschadigd raken", aldus de conclusie van Rijkswaterstaat in Middelburg, die maatregelen noodzakelijk acht.

Eind jaren zestig werd begonnen met de bouw van de Oosterscheldekering, die oorspronkelijk een gesloten dam tegen de zee zou worden. Halverwege de jaren zeventig, toen een groot deel al was aangelegd, werd uit oogpunt van milieu besloten om de resterende vier kilometer te voorzien van schuifdeuren, die bij storm kunnen worden gesloten.

Op 4 oktober 1986 sprak toenmalig koningin Beatrix de historische woorden:

"De stormvloedkering is gesloten. De Deltawerken zijn voltooid. Zeeland is veilig."

Bron: De Telegraaf

Het gezegde mag dan 'het nieuws ligt op straat' luiden, in werkelijkheid is dat maar sporadisch het geval. Het is beter te zoeken in stukken van het parlement in Den Haag, in verslagen van (overheids)organen, vakbladen, of bijvoorbeeld in het overzicht van aanbestedingen.

Vooral sinds er een Europese verplichting is om grote werken aan te besteden, zodat bedrijven over de grenzen heen met elkaar kunnen concurreren, zijn deze lijsten interessant voor journalisten om te raadplegen.

Die weg volg ik dinsdagmiddag 20 augustus 2013, zoekend naar een onderwerp. Mijn oog valt op een aanbestedingsbericht voor de Oosterschelde. De Deltawerken hebben altijd mijn interesse gehad, vanwege de ongekende omvang en de technische prestatie. Het zal daarom zijn geweest dat ik spontaan begin te lezen.

"De bodem voor en achter de Oosterscheldekering wordt zeshonderd meter aan beide zijden tegen erosie beschermd door onder andere blokkenmatten. Aan beide zijden zijn ontgrondingskuilen ontstaan op de randen van de bestaande bodembescherming."

"Deze ontgrondingskuilen hebben zich aan weerszijden van de Oosterscheldekering in een doorgaande lijn ontwikkeld. Deze kuilen zijn niet alleen plaatselijk zeer diep, meer dan vijftig meter beneden NAP, maar hebben ook steile wanden.

Ik maak me van deze technische informatie voorstelling en zie aan beide kanten van de belangrijkste barrière, opgeworpen door de mens in Zeeland tegen de zee, enorme afgronden.

In mijn 'jonge' jaren was ik sportduiker. Ik heb nog altijd de brevetten 'Open Water Diver' en 'Deep Diver' van PADI, een internationale particuliere duikopleidingsorganisatie. Daar bewaar ik mooie herinneringen aan. Ik maakte ook nachtduiken met schijnwerpers onderwater, hetgeen een prachtig effect gaf op de toch al vaak zo gekleurde vissen in onder andere het Caribisch gebied. Mijn diepste afdaling in zee was dertig meter.

Wie vanuit die positie naar boven kijkt, ziet een enorme 'berg' water boven zich. Zo hoog als een groot flatgebouw. Ik weet dus het verschil tussen een kuil, een rif en een afgrond. Als leek lijkt mij de informatie in de aanbesteding over de bodemgesteldheid nabij de stormvloedkering niet in orde. Kuilen met steile wanden, hoe eufemistisch. Ik lees gespannen verder:

"Uiteindelijk is het gevolg dat de bodembescherming op

diverse plaatsen niet meer functioneel is en – indien er niets aan wordt gedaan – de waterkerende werking van de Oosterschelde-kering op termijn wordt aangetast."

De geciteerde tekst is van Rijkswaterstaat (RWS) Zeeland in Middelburg. Ambtelijk jargon om aan te geven dat het miljarden-project van de kering het op termijn (een maand, jaar of decen-nium?) gewoon niet meer doet. Arm Zeeland. Dit is nieuws.

'Zeeland veilig', zei de majesteit nog in 1986. Maar hoe zit het nu?

Op basis van de beschikbare documentatie uit de aanbeste-ding en het commentaar van de woordvoerster van het ministe-rie van Infrastructuur en Milieu in Den Haag, die zich inspant om iedere zorg weg te nemen, verschijnt de volgende morgen op de voorpagina van De Telegraaf het verhaal waaruit aan het begin van dit hoofdstuk is geciteerd.

"De stabiliteit van de kering is niet in het geding", staat er ook in, als reactie van het departement. De woordvoerster noemt de Zeeuwse formulering van de situatie 'niet juist'.

"Het is bovendien oud nieuws, want in een kamerstuk uit april staat dit ook al", zegt ze.

Per e-mail loopt het betreffende verhaal binnen, maar tussen het ambtelijk taalgebruik vind ik geen gegevens over de diepte van de kuilen en al helemaal niet over de steile wanden. Het is een opsomming van procedures en goede voornemens. Ook zoek ik vergeefs naar de voorspelling uit de aanbesteding die nu voor me ligt dat de waterkerende werking op termijn in gevaar is.

Na verschijnen van de krant de volgende morgen plaatst RWS al snel een reactie op de eigen site onder de kop 'Berichtgeving over de Oosterschelde'. Welke berichtgeving hier wordt bedoeld, staat er niet bij. Ook niet of die van een standwerker op de markt kwam, de Staatscourant of De Telegraaf.

"De Oosterscheldekering is veilig. Net als andere waterkerin-gen is bij de Oosterscheldekering onderhoud noodzakelijk. Dat is in april in een brief aan de Tweede Kamer al aangekondigd. Rijkswaterstaat en Waterschap Scheldestromen controleren zeer regelmatig de staat van de dijken en dammen. Rond de Oosterscheldekering liggen matten en blokken om het wegspoelen van zand – erosie – te voorkomen. Dat is de bodembescherming. Aan de randen van die matten – op minimaal zeshonderd meter van de Oosterscheldekering – ontstaan van nature zogenaamde ontgrondingsgeulen door sterke stromingen. Voor de kering leidt dit niet tot problemen."

Terwijl in de aanbesteding wordt gesproken van ontgrondingsgeulen *op* de randen van de bodembescherming, maakt Rijkswaterstaat daar in het bericht voor pers en publiek *aan* de randen van.

Maar niets aan de hand dus, wie afgaat op de tekst van RWS. Het bericht gaat verder.

"Om te voorkomen dat deze geulen te diep en te steil worden, moeten deze bestort worden met stortsteen. Zo wordt voorkomen dat de bodembescherming rond de Oosterscheldekering gaat schuiven en wordt de stabiliteit van de aangrenzenden dijken geborgd. Voor deze klus heeft Rijkswaterstaat een aanbesteding uitgeschreven."

Wat er in die aanbesteding staat, wordt de lezer niet gemeld. Ook niet waar de aanbesteding is te vinden. Die tekst blijft onder het zand.

Het nieuws over de zeekering met bodemproblemen verspreidt zich na het verschijnen van de krant als een olievlek via de sites en tweets van onder andere Nu, RTL, AD en NRC. Van de stormvloed blijft zelfs nog geen beekje over als RWS haar commentaar de wereld in heeft gestuurd. 'De pers' gaat niet zelf op zoek naar feiten, maar keert zich unaniem af van het onderwerp, wellicht gniffelend over de canard, of wel journalistieke misser, van De Telegraaf.

Vraag een willekeurige buitenlander direct na aankomst hier naar bijzonderheden over ons land en het antwoord zal luiden: tulpen, molens, klompen, kaas en drugs. Dezelfde vraag bij vertrek gesteld, levert meestal een ander beeld op. Dan wordt veelal de indrukwekkend lage ligging van ons land genoemd.

Buitenlanders begrijpen er niets van dat wij kunnen leven onder de zeespiegel. Toeristen vinden het onvoorstelbaar dat twee derde van Nederland een paar meter lager ligt dan het ons omringende zeewater in het zuid-westen, westen en het noorden. Behalve de Deltawerken, met de Oosterscheldekering als hoogtepunt met een bezoek aan het werkeiland Neeltje Jans, spreken de molens bij Kinderdijk tot de verbeelding.

Dat bij het droog houden van de Nederlandse bodem tegenwoordig vooral moderne technieken komen kijken, wordt meestal maar niet uitgelegd om de romantiek van onze strijd tegen het water in stand te houden.

Het was op 31 januari 2013 precies zestig jaar geleden dat na het verhoogde laagwater van tien uur 's avonds bij 's-Gravendeel de zeedijk doorbrak, kort daarop gevolgd door de binnendijk. De eerste doden vielen daar op 31 januari 1953 al voor middernacht. Sommigen niet eens door verdrinking. Ze werden levend begraven onder een modderstroom van basaltkeien en meters veen dat was weggespoeld uit de fundering van de schuivende binnendijk.

Die herinnering staat op het netvlies gegrift van ingenieur Jan-Willem Boehmer, gepensioneerd medewerker van de Deltadienst in Zeeland. Ik leerde hem kennen via de Haagse redactie van De Telegraaf waar hij zich meldde.

"Onze collega Jongedijk heeft verstand van scheepvaart, dus die zal ook wel interesse hebben in dijkbescherming", kreeg Boehmer te horen. Achter zijn persoon staat het Burgercomité Dijkveiligheid, een groep mensen die kritisch is op de manier waarop Nederland momenteel omgaat met de strijd tegen het water.

"De primaire oorzaak van de ramp, die we zijn gaan kennen als de Watersnood van 1 februari 1953, lijkt de natuur te zijn geweest, maar is de cultuur, stelt Boehmer. De organisatie die zijn standpunten deelt, vindt dat de herdenking van de ramp eigenlijk thuishoort op de 31e januari, omdat toen al de eerste doden vielen, en niet op de eerste februari.

Boehmer studeerde indertijd als een van de weinigen in dit land af in de grondmechanica, een wetenschap die zich bij uitstek leent om het gedrag van dijklichamen tc doorgronden. Zijn betrokkenheid bij waterbeheer komt niet uit de lucht vallen. Hij werd op

29 april 1943 in Rozenburg geboren als zoon van een huisarts.

"Mijn vader verhuisde uit Rozenburg, na twee bijna doorbraken van de Waterwegdijk achter ons huis, naar Den Briel, omdat het daar veiliger zou worden door de Brielse Maasdam.

Het doktershuis in Den Briel, gelegen aan de Voorstraat 26, stond op de plek schuin tegenover de rechtbank, waar vroeger de baljuw Blois van Treslong vertoefde en waar Willem van Oranje de 'gecontroleerde' waterlinie heeft uitgevonden met een sluis erin. De prins was een vestingdeskundige. In de Brielse Catharijne kerk herinneren gebrandschilderde ramen achter en tegenover de preekstoel nog altijd aan dat verleden.

Het Burgercomité Dijkveiligheid omarmt Boehmers stelling dat het werkelijke zeewatergevaar van onderen komt en niet van boven. Op basis van dat gegeven wordt gesteld dat het Deltaplan niet af is.

In deze uiteenzetting wordt de visie van het Comité weergegeven omdat die in de ogen van een leek, zoals schrijver dezes is, logisch lijkt. Er wordt niet beweerd dat Boehmer en de zijnen het gelijk aan hun kant hebben. Daarvoor ontbreekt hier de kennis.

Dit hoofdstuk vraagt aandacht voor een afwijkende visie, die van belang kan zijn voor onze veiligheid. De door onze overheid aangestelde deskundigen zouden zich op z'n minst kunnen buigen over Boehmers theorie. Ook zou het zinvol zijn de genoemde voorbeelden uit het verleden te onderzoeken, namelijk dat dijken het toen begeven zouden hebben door water van onderen.

Dijkbeheerders praten, volgens het Burgercomité, liever over de kans dat watergevaar van boven over een niet-verzakte of gebroken dijk heen gaat dan over een waterstand waarbij watergevaar van onderen een dijk eerst doet verzakken en daarna doet doorbreken. Een overstromingskans van 1 op drieduizend jaar, zoals overheden bij regelmaat stellen, doet het comité af als een 'Diederik-Stapel-achtige' berekening. De verwijzing geldt de professor in Tilburg die uitkomsten van 'wetenschappelijke' studies niet verkreeg door onderzoek, maar door ze bij elkaar te verzinnen.

"Al in 1906 braken er in het zuidwesten van Nederland dijken zónder dat er sprake was van wateroverslag. Waarom houden al die mensen die over onze dijken gaan, dan stug vol dat een dijk eerst moet óverstromen alvorens hij breekt? Oud-premier Willem Drees gaf op 10 en 11 februari 1953 de natuur en de hoge waterstand de schuld. Wel meldde Drees dat de waterstanden een halve meter hoger waren dan ooit tevoren, maar hij verzweeg dat de dijken óók een meter hoger waren dan eerder het geval was", aldus het Burgercomité.

De jonge organisatie stelt kritische vragen: "Is het afsluiten van drie van de vijf overgebleven zeearmen, na de Afsluitdijk en de Brielse Maasmond, wel een afdoende oplossing? Waarom staat er wel een sluiskering in de Nieuwe Waterweg en niet in de Wester-schelde?" Deskundigen worden uitgenodigd hierop te reageren.

Terugkomend op de ramp van zestig jaar geleden raakt de argumentatie van het Burgercomité wel in erg technisch vaar-water. Voor de volledigheid hun standpunt, enigszins ingekort:

"Er was geen sprake van een gebrekkige dijkhoogte tegen wateroverslag. De deskundigen moesten destijds zwijgen over een dijkdoorbraakrisico in het eerste stadium van de ramp en over de 1 op dertig waterstand daarbij. Want dat is het gemid-delde van de 1 op 1 stand bij 's-Gravendeel direct voor de door-braak in 1953 en de 1 op driehonderd kans van overschrijding van de waterstand, een kleine zes uur later aldaar."

"Premier Drees had toen net van het ANP gehoord dat er doden waren gevallen in 's-Gravendeel. Alle deskundigen zijn daardoor op het verkeerde been gezet. Er was geen sprake van, dat inpoldering van de Biesbosch voor hogere stormvloedstan-den zou hebben gezorgd, integendeel. Er was ook geen sprake van dat een Deltadam van zand met een asfaltbekleding erop een onbreekbare dijk kon vormen, zoals Rijkswaterstaat en de Deltacommissie stelden in 1954. Het was bovendien een misvat-ting dat een dijk geen lagere wrijvingscoëfficiënt kon ontwik-kelen dan 1/7e in de fundering (TU-Delft en Deltacommissie, ook in 1954)."

De waterstand die 's Gravendeel noodlottig zou worden kwam eens per jaar voor. "Premier Drees wist raad", stelt Boehmer. "We doen niet of die dijk bij de hoogste waterstand is doorgebroken.

Dan is de waarschijnlijkheid van die doorbraak 1 op drieduizend jaar, in plaats van 1 op 1 jaar."

Feitelijk komt het er volgens bovenstaande visie op neer, begrijp ik, dat het risico op herhaling van de ramp van 1953 vele malen groter is dan algemeen wordt aangenomen.

"De echte kans is zelfs 1 op 22 jaar", stelt Boehmer, "een feitelijke berekening over een periode van duizend jaar mét dijkdoorbraken."

Maar ook Boehmer en de zijnen weten niet bij welke combinatie van factoren het watergevaar van onderen het grootst is, wanneer er rekening moet worden gehouden met uiteenlopende omstandigheden als: hoog springtij (1906 en 1877), laag springtij (1953, tegen doodtij) of doodtij (1916, 1894 en de St. Elisabethsvloed van 1421), en ook nog eens met korte maansafstand, of groot getij (1906, 1877). Gemakshalve sla ik nóg maar een aantal factoren over, zoals stormeffecten in uiteenlopende gradaties.

Boehmer werd behalve in Delft ook opgeleid in de Verenigde Staten. Toen hij zich daar op 4 februari 1967 meldde voor zijn studie Grondmechanica sprak de Amerikaan die hem van het vliegveld afhaalde de toepasselijke woorden:

"Hi, Hans Brinkers. You can do it."

Boehmer, onvoorbereid dacht…Hans Brinkers… Hans Brinkers…Wie was dat ook alweer? En voor hij er erg in had, hoorde Boehmer zichzelf zeggen:

"Oh, Yes, thank You, I already lost my finger in the dike."

Twaalf jaar later was dezelfde Amerikaan in ons land om de dijksituatie en maatregelen langs de Oosterschelde te aanschouwen. Bij het afscheid stak Boehmer de vertrekkende bezoeker zijn linkerhand toe, waarop de Amerikaan ad rem reageerde:

"I never knew you were serious in 1967."

Boehmer ziet zichzelf niet als klokkenluider. Ik hem wel. Hij neemt het als gepensioneerd medewerker van de Deltadienst op tegen zijn vroegere collega's die niets van zijn denkwijze willen weten.

Klokkenluiders zijn gedreven mensen. Ze hebben de eigenschap onvermoeibaar te zijn bij het uiten van hun zorgen en het vragen om media-aandacht.

Internationaal liggen mensen die misstanden aan de kaak willen stellen in het vizier van opsporingsdiensten en overheden. De media die deze informatie gebruiken lopen ook in steeds meer landen risico's.

Gevaar voor de mens komt niet alleen van zee. Persvrijheid wordt bedreigd vanaf het land.

Vandaar hier de ruimte voor Jan-Willem Boehmer.

Ook al beweert hij uit zakelijke motieven te handelen en politiek-bestuurlijke ambities.

19

Joods geestelijke wint golftoernooi

Mooie verhalen halen niet altijd de krant. Belevenissen van verslaggevers die worden verteld na terugkeer van een reportage. Ze lenen zich niet voor publicatie. Het is het visserslatijn van de journalistiek.

Vaak verteld in vertrouwen. Die discretie mag niet worden beschaamd. Om wie het in de verhalen gaat, is minder relevant dan wat er gebeurde. In een enkel geval wordt er een naam genoemd, alleen dan als dat voor de authenticiteit of de loop der gebeurtenissen van belang is.

Betrokkenen hebben er geen weet van dat hun soms absurde avonturen – "écht gebeurd, heus waar", zoals ze zelf benadrukten – toch nog een keer 'de pers' zouden halen.

Bron: collega's

Weinig kranten besteden zo veel aandacht aan de golfsport als De Telegraaf. Vaste verslaggevers worden op dit onderwerp gezet en er is ook een sportcorrespondent die zelf meer dan gemiddeld presteert op 'the green'.

Hij werd afgevaardigd naar een toernooi in Portugal . Bij aankomst bleek de mogelijkheid aanwezig om niet alleen verslaggever, maar ook deelnemer te zijn.

De golfcorrespondent uit de lage landen presteerde boven verwachting. Aan het eind van het weekeinde bleek hij de winnaar. Ook tot zijn eigen verbazing.

'Wat nu?' vroeg de golfcorrespondent zich af.

'Kan ik het maken om een verhaal te schrijven over mijzelf als winnaar van het toernooi?'

Plichtsbetrachting won het van bescheidenheid.

'Als een ander had gewonnen, had ik ook een verhaal geschreven, dus waarom niet?'

Onze man gaat na de prijsuitreiking onmiddellijk aan het werk. In die dagen moest het verslag nog worden doorgebeld.

Met de geaffecteerde stem die hem eigen is, meldt de golfverslaggever aan de stenotypiste van de sportredactie een bijdrage te hebben voor de maandagochtendkrant.

"Kan ik het nu inspreken?"

"De band staat aan. Graag luid en duidelijk. Geef aan als het verhaal is afgelopen. Ik zet dan de band uit en bel je binnen tien minuten op, als er iets niet is goed gegaan. Begin maar."

'Van onze golfcorrespondent. In een sterk bezet toernooi is de Nederlandse golfer Rabbie van Erven Dorens afgelopen weekeinde in Portugal het overige speelveld te sterk af geweest. Onze landgenoot won met groot overwicht."

De stenotypiste tikt de tekst zoals deze is uitgesproken. De voornaam Robbie van de sportcorrespondent Van Erven Doorens wordt dan ook neergeschreven als Rabbie.

Een talentvolle stagiaire voert die avond de eindredactie van de sportpagina's. Hij krijgt het verslag van het Portugese golftoernooi onder ogen met de onverwachte Nederlandse winnaar.

'Da's interessant', zegt de jongeman in zichzelf.

'Een landgenoot als winnaar. Helemaal opmerkelijk dat die vent rabbi is.'

Twee bijzonderheden in één verhaal.

De stagiair weet er wel raad mee. Hij kopt voor de volgende morgen:

'Joods geestelijke wint Portugees golftoernooi'

* * *

141

Het overkwam twee collega's in Londen. De reisafdeling van de krant had voor dit ervaren duo een van de betere hotels in het centrum van de stad gereserveerd. Er wachtte de verslaggevers een belangrijke klus. Hun stand verplichtte tot presteren. De krant keek om die reden niet op een paar logeerponden meer of minder.

De gasten uit Nederland werden met de voor een viersterren-hotel gebruikelijke egards welkom geheten. De formele benadering maakte stilzwijgend duidelijk, dat er was gekozen voor een kwalitatief onderkomen 'in town'. Het afstandelijke personeel straalde dat ook uit. At your service!

De reisbagage werd naar de suite gebracht, een suite die uitzicht bood op de Theems. De journalisten kwamen naar goed gebruik aan de sfeervolle bar bij van het uurtje vliegen vanuit Amsterdam en de taxirit door de stad.

De alcoholische bodem was gelegd. De volgende morgen kon het werk beginnen.

De meeste indruk in de suite maakte het bad. Beiden zouden er gestrekt in kunnen liggen. Een deur leidde naar het separate toilet. Zelfs daar was het chic tot in de finesses. Zeepjes, handdoeken, geurtjes en een kingsize wastafel.

Een van beiden opende voorzichtig het porseleinen deksel om de blaas te ledigen.

"Krijg nou wat. Minstens een fivepounder."

De ander snelde toe.

"Die is van een olifant."

"Niet doortrekken."

"Niet doortrekken? Hoezo niet?"

"Ik leg er een bolus bij. Daarna draai jij er nog een bovenop. We zullen die kouwe kakkers van de receptie een poepie laten ruiken."

"Reception."

"Suite eleven speaking. Please, have a look here"

"What's the matter, Sir?"

"We can't explain. You have to see it, to believe."

"Off course, Sir. I'll ring the housekeeper."

Het voltallige personeel kwam voorbij.

"Oh, my God. Who has done this? This is unbelievable."

Pas bij vertrek van het 'Dutch couple' klaarde de lucht op in het hotel.

"Please, don't tell your readers." De directeur zelf vroeg er om.

Vijfsterrenservice in een viersterrenhotel. De verslaggevers stelden tijdens de terugvlucht naar Schiphol breed grijnzend vast, dat het dus kan.

Het personeel, ze waren als knipmessen.

"Nu de KLM nog. Voel jij ook zo'n aandrang?"

* * *

De Telegraaf mag dan een 'Amsterdamse' krant zijn, een deel van de verslaggevers woont verspreid over het land. Een enkele zelfs in een regio waar nog sprake is van orthodox-christelijke geloofsgemeenschappen.

Een collega daar zou zijn verjaardag vieren. De dag ervoor gaat zijn vrouw naar een winkel waar ze het gewenste cadeautje voor haar man denkt te kunnen vinden.

Ze drentelt heen en weer voor de etalage om er zeker van te zijn dat er geen andere klanten aanwezig zijn. Pas dan durft ze de drempel over.

Haar ogen scannen de schappen met tijdschriften. Waar staat dat blad nou? Wat een groot aanbod.

De verkoper komt vanachter de toonbank. Hij heeft in de gaten dat de klant iets zoekt en stapt haar richting uit. Tegelijkertijd rinkelt de deurbel en de man laat twee klanten binnen.

"Wat mag het zijn, mevrouw?"

De echtgenote van de collega beseft dat ze niet meer alleen met de verkoper in de zaak is. Met gedempte stem:

"De Playmobiel, graag."

"Wat zegt u, mevrouw? "

"De Playmobiel."

"Dat blad ken ik niet. Waarover zou dat moeten gaan?"

"Nou, u weet wel. Van die dames, met die….eh … die…"

"Oh, u bedoelt de Playboy."

De verkoper zwaait er triomfantelijk mee in het rond.

"Zal ik hem maar voor u inpakken? Is discreet."

* * *

In de maandagmorgenvergadering worden de lijnen uitgezet voor de week die komen gaat. De dienstdoend hoofdredacteur komt met redactiechefs en een aantal verslaggevers samen om actualiteiten en achtergronden op een rijtje te zetten.

"De portier meldt dat er voor jou een Engelssprekende dame beneden aan de balie staat. Met een koffer."

De redactiesecretaresse fluistert de mededeling in mijn oor. Ongemerkt is ze de vergadering binnengelopen.

"Ik ben even weg", deel ik de anderen mee.

Op de gang en in de lift spookt het door mijn hoofd. Een Engelse dame?

De eerste blik is er meteen een van herkenning. Zij is het. Jezus. Hoe is dat nou mogelijk?

De vrouw komt me stralend tegemoet. Haar omhelzing is niet te ontwijken.

"Kan ik een week blijven? Sorry, dat ik niet eerst heb gebeld."

Goede raad is duur. Wat moet ik zeggen? Ze denkt dat ik vrijgezel ben.

Mijn gedachten gaan een paar maanden terug. Er moest een reportage worden gemaakt in Spanje. Insteek: de Hollandse horeca in het land van de sangria.

Samen met de fotograaf verken ik er ook het nachtleven.

"Nog één drankje en dan hebben we het wel gezien", zeggen we op de laatste avond tegen elkaar.

Op dat moment schuiven twee roodverbrande Engelse vrouwen in de drukte tegen ons aan. Dat ze Engels zijn, weten we op dat moment niet. Het is het vooroordeel dat bleke Britten niet met de Spaanse zon weten om te gaan.

Ik geef het toe: we dronken te veel. We maakten van het afscheid van het land van de sangria een feestje.

Of ik de belofte heb waargemaakt verbrande borsten vaardig te kunnen insmeren, weet ik de volgende morgen niet meer. Een kater als een olifant. Ik was wakker geworden in een vreemde kamer. De roodverbrande vrouw naast me. Ze is Engels, ja. Uit Burslcdon.

"Weet je waar dat ligt? Buurgemeente van Southampton."

Hoe ze heet, wens ik te vergeten op dat pijnlijke moment in de hal van mijn werkgever, waar het door haar gedrag lijkt alsof we elkaar járen hebben moeten missen.

Ik zet haar aan de koffie, meld een belangrijke vergadering te hebben en doe de toezegging over een goed uur weer beneden te zullen zijn.

De luchtvaartredacteur moet mijn redder worden.

"Hoe krijg ik een vrouw uit Southampton zo snel mogelijk weer terug in haar eigen land?"

Na veel opties te hebben overwogen, kiezen wij voor het volgende scenario: een spoedklus in België, met als einddoel Oostende.

"Zet haar in de auto. Meld alleen dat je naar België moet. Ik regel het ticket voor een enkele reis vanavond naar Southampton."

Ik wist niet dat Oostende een vliegveld heeft. De aangegeven locatie wekt aanvankelijk geen argwaan bij mijn gaste. Wel zeurt ze wat we in België gaan doen. Hoe lang we samen kunnen zijn, en zo.

Ze heeft in mij de ideale masseur gevonden. Die ene nacht in Spanje.

In Oostende volgen we borden met slechts de aanduiding 'Vliegveld'. Maar even later staat er ook 'Airport'.

Dan voelt ze nattigheid.

"Don't drop me! Don't do that!"

Ik ben die avond heel laat thuis.

"Een hectische dag?", vraagt mijn vrouw.

"Heel hectisch, ja."

Drie maanden later stuurt de krant me naar Southampton om er een regatta te verslaan. Een zeilwedstrijd met een aantal Nederlandse deelnemers.

Een rokende collega vraagt me een pakket shag te kopen op Schiphol. Dat is zo voordelig. Ik zie geen reden om hem de gunst te weigeren, ook al ben ik een groot tegenstander van die slechte gewoonte.

Bij de douane in Southampton word ik er als enige passagier uitgepikt voor een uitgebreide controle. Het pakket shag duikt op in mijn bagage.

"Kent u de Britse invoerbepalingen?"

De vraag wordt op nare toon gesteld.

"Nee, die ken ik niet."

De beambte stelt zijn rekenmachine in werking. Het resultaat is een boete, dubbel zo groot als het bedrag dat ik heb gewisseld om de kosten van de reportagereis te dekken.

Ik heb dus een probleem.

"We zullen het goed met u maken. De contrabande wordt verzegeld en niet ingevoerd. U moet een schuldverklaring tekenen en zich een halve dag voor vertrek hier weer melden. Een paar minuten voor de terugvlucht krijgt u de tabak terug, verzegeld. Hij wordt dus niet ingevoerd. Daarmee voorkomen we dat u een delict pleegt."

Het invullen van de schuldverklaring is een uitgebreide klus. Ik krijg niet de indruk dat er privacywetgeving bestaat in Engeland.

Iedere pagina moet ondertekend worden. Als bevestiging dat ik niets anders verklaar dan de waarheid.

"Sign, sign, sign."

De vinger van de man in uniform wijst dwingend naar het papier. Ook de douanier ondertekent ieder vel.

Er staat een plaatsnaam achter zijn naam: Bursledon.

Ik moet heel even terugdenken aan haar. De vernedering die ik onderga, voelt als een straf. Voor nu en voor Spanje.

Mobil Oil was eind vorige eeuw een benzinemerk met een netwerk aan benzinepompen door het hele land en een spaarsysteem in de vorm van een creditcard. Na iedere tankbeurt werden er punten bijgeschreven, die contante korting gaven bij aankoop van artikelen bij een aantal winkelketens.

De verslaggever wordt vanuit Rotterdam gebeld door de algemeen directeur van Mobil Oil.

"Ik denk dat wij interessant nieuws hebben voor de krant. Er wordt een contract afgesloten met de Free Record Shop. Onze klanten kunnen hun verzamelde tankpunten voortaan ook daar verzilveren."

De eerste gedachte van de verslaggever is: 'Zet maar een advertentie'. Maar dat zeg je niet tegen een goede relatie. Hij zoekt naar een charmante uitvlucht.

"De Free Record Shop is toch die winkelketen van zakenman Hans Breukhoven?"

De journalist houdt zich bewust een beetje van den domme.

"Ja, de man van Vanessa. Die ken je natuurlijk beter", grapt de algemeen directeur van de benzinemaatschappij. Het societystel was, toen dit verhaal zich voordeed, nog getrouwd. Hans maakte furore als 'platenbaas'. Vanessa's vrouwelijke vormen spraken menig man tot de verbeelding en ze runde in die dagen een schoonheidsinstituut,

"Ik wil wel wat met jouw onderwerp doen. Maar dan eerst een kwartiertje met Vanessa op de bank. Zonder Hans, natuurlijk."

Een mooie dooddoener, denkt de verslaggever. Gelach aan de andere kant van de lijn.

"Met Vanessa op de bank. Ha, ha, ha…Die is goed."

Het gesprek krijgt een andere wending. Over marktprijzen, milieueisen en andere actuele zaken.

Twee weken later meldt de secretaresse van de algemeen directeur van Mobil Oil zich telefonisch.

"Heeft u uw agenda bij de hand?"

De stem uit Rotterdam dicteert een datum en een tijdstip. Nog niet de locatie.

"Het gaat om een belangrijke ontmoeting. Op uw verzoek."

"Op mijn verzoek?"

De verslaggever tast in het duister, hoewel slechts voor even.

"U wordt verwacht in Wassenaar. Mevrouw Breukhoven weet van uw komst. Zij verheugt zich er op. Haar man voegt zich na een kwartier bij u, om uitleg te geven over het contract van de Free Record Shop met Mobil Oil. Over het spaarsysteem waar u zo geïnteresseerd in bent."

De verslaggever wil zich niet laten kennen. De dooddoener keert zich tegen hem, of juist niet?

"Ik zal er zijn."

Is het een grap?

Op de dag van de afspraak is het on-Nederlands tropisch. Een huishoudster heet de bezoeker welkom.

"U mag alvast op de bank gaan zitten. Mevrouw Breukhoven komt zo bij u."

De verslaggever kent haar alleen uit de bladen. Hij is verrast als er een vrouw verschijnt die niet op Vanessa lijkt.

Opvallend is de omgekeerde baseballpet. Daaronder, strak naar achteren gekamd, het haar. Niet losgolvend, zoals op recente foto's. Het witte T-shirt accentueert echter overduidelijk dat het hier wel degelijk gaat om Vanessa.

"Geweldig u te ontmoeten. Ik voel me bevoorrecht." Misschien wat overdreven, denkt de verslaggever na zijn spontaan geuite begroeting.

Een geanimeerd gesprek volgt. De huishoudster serveert thee en lekkernijen. Mevrouw Breukhoven blijkt ontwikkelder dan Vanessa wordt toegedicht. Ze verhaalt gepassioneerd over haar betrokkenheid bij adoptie en het lot van die kinderen. Niet alleen toegespitst op haar eigen kroost.

De verslaggever wordt op een spoor gezet dat maanden later tot een opmerkelijke reportage leidt. Een misstand wordt erdoor voorkomen. Nooit heeft iemand geweten wie de aangever was, waar en wanneer.

Hans Breukhoven mengt zich even later in de conversatie. Het gesprek duurt langer dan van tevoren bepaald.

Het krantenbericht over de creditcardovereenkomst tussen Mobil Oil en de Free Record Shop komt er nu toch. Niks advertentie. Free publicity.

Belofte maakt schuld. Met dank aan Vanessa.

20 Economische collaboratie met DDR onbestraft

Uit documenten van de Oost-Duitse geheime dienst Stasi, in bezit van deze krant, blijkt dat in de tijd van de Koude Oorlog de volgende Nederlandse en Antilliaanse bedrijven volledig in handen waren van de geheime dienst van de DDR: Mebama in Hellevoetsluis; de besloten vennootschappen Walboow, Friam, Redel, Interholding en DIM in Haarlem, Imog bv in Rotterdam; de naamloze vennootschappen Delhi Corp en Oscara Trading, beide in Willemstad op Curaçao.

De in ons land en op de Antillen gevestigde ondernemingen waren geen lege bv's of brievenbusfirma's.

Het gestorte kapitaal liep uiteen van DM 17.600 bij Walboow tot DM 880.000 bij Imog en DM 2.470.000 bij Mebama. Alle ondernemingen zijn, voor zover kon worden nagegaan, in het afgelopen decennium geliquideerd, als gevolg van de val van de muur in november 1989.

Bron: De Telegraaf

Onze oosterburen worden op talloze plaatsen herinnerd aan de verschrikkingen van de Tweede Wereldoorlog. Het land staat vol met 'Mahnmalen', waarschuwingsmonumenten, en 'Denkmalen', herinneringsmonumenten. De herenigde Bondsrepubliek vervolgt zelfs nu nog eigen onderdanen die zich in de oorlogsjaren bewijsbaar hebben misdragen.

De verwerking van de tweedeling van het land in een kapitalistisch westen en een communistisch oosten na de Tweede Wereldoorlog is echter nog lang niet voltooid.

De Muur was een schandvlek. Direct na de val ervan op 9 november 1989 werden kosten noch moeite gespaard om de afbraak zo snel als mogelijk uit te voeren.

Met Duitse gründlichkeit. Tocristen uit alle delen van de wereld zoeken zich tijdens hun verblijf in Berlijn een ongeluk naar overblijvende sporen. De 'East Side Galery' laat enigszins zien hoe het ooit is geweest, maar authentieke delen van De Muur zijn er, op de Bernauerstrasse na, eigenlijk nauwelijks meer te vinden.

De vervolging van de daders van het onderdrukkende systeem in de voormalige DDR is nooit goed van de grond gekomen. Er werd een handjevol processen gevoerd. Daar is het bij gebleven.

West moest verder met Oost. En Oost met West. De spreekwoordelijke mantel der liefde ging eroverheen. Waarheidsvinding vond niet plaats, laat staan vergelding voor het vele leed dat tallozen is aangedaan.

Niemand weet hoeveel doden er precies zijn gevallen bij pogingen het land te ontvluchten.

Het getal maakt ook niet uit. Schieten op weerloze burgers is een misdaad tegen de mensheid. Het was gewoon protocol. Wie er in de DDR vandoor wilde, speelde met zijn leven.

Niet alleen het huidige Duitsland blijft ten aanzien van het moreel en strafrechtelijk verwerken van het Oost-Duitse verleden in gebreke. Ons land doet ook geen enkele moeite om mensen die tijdens de Duitse tweedeling hun steun gaven aan het Stasi-regime ter verantwoording te roepen.

Wie herinnert zich niet de verhalen van linkse politici die in de jaren zestig en zeventig op bedevaart gingen naar de Deutsche Demokratische Republik? Kerkelijke kopstukken met in hun voetspoor naïeve gelovigen, die zich lieten verleiden om mee te doen aan uitwisselingen, zonder kritische standpunten te durven innemen ten opzichte van het regime achter de Muur.

Tientallen kilometers aan DDR-archief zijn bewaard gebleven, ondanks woedeaanvallen van gefrustreerde inwoners van Dresden, Berlijn en andere steden tegen Stasi-bolwerken toen de Muur was gevallen.

Om uit al die stukken informatie te filteren over de rol die Nederlanders hebben gespeeld bij het in stand houden van de regimes van Walter Ulbricht en Erich Honecker is een omvangrijke klus.

Zelf heb ik daar tijd en energie in geïnvesteerd in de jaren van mijn correspondentschap in Berlijn. Het is zoeken naar een speld in een hooiberg. Een mapje 'Ien van den Heuvel', de oud-voorzitter van de PvdA met uitgesproken bewondering voor de 'heilsstaat' die de DDR in haar ogen was, laat zich dan ook niet zomaar uit de rekken trekken.

De DDR had in het vrije Westen naar schatting dertigduizend informanten. Mensen die inlichtingen inwonnen en andere, soms verboden, betaalde diensten verleenden. Gezien de grote sympathie die het Oost-Duitse systeem in bepaalde linkse kringen in ons land genoot, lijkt het zeer waarschijnlijk dat zich daar een 'respectabel' aantal Nederlanders schuldig aan heeft gemaakt.

Binnen de goed afgeschermde eigen grenzen had de Stasi meer dan tweehonderdduizend informanten. Een fractie van hen is aangehouden en vervolgd.

Een theoloog uit voormalig Oost en een journalist uit West hebben mij geholpen bij het achterhalen van informatie over Nederlandse bedrijven die ondanks een strategisch embargo toch volop zaken deden met de DDR.

Dankzij hun medewerking zijn de namen achterhaald van een tiental Nederlandse en Antilliaanse bedrijven (zie het krantencitaat aan het begin) die actief zaken deden in de DDR, terwijl er in ons land voor tal van goederen een verbodsbepaling gold.

Het publiceren in december 2001 van naam en toenaam van deze ondernemingen en de initialen van een enkele leidinggevende heeft geen juridische gevolgen gehad. Geen telefoontje wegens smaad van een advocaat van betrokkenen, maar ook geen reactie van een 'verontrust' Tweede Kamerlid.

De in het verhaal genoemde ondernemingen stonden feitelijk onder Oost-Duitse regie. De geheime dienst van de DDR had zich bij hen ingekocht. Nederland liet het destijds gewoon toe en Nederland laat het er ook nu nog gewoon bij zitten. Geen onderzoek, laat staan vervolging.

De theoloog en collega-journalist die mij hielpen aan informatie doen hun werk in de anonimiteit. Ze moeten de wanhoop in mijn ogen hebben gezien, toen de zoveelste stapel papier, na uren spitten, resultaatloos bij de balie van een Berlijns archief werd ingeleverd.

"Wat zoekt u?" vroeg een man naast me.

Het was de theoloog, die direct toen hij hoorde dat ik voor een krant aan het snuffelen was, mij voorstelde aan zijn vriend. Een 'freiberuflicher' journalist. In goed Hollands zouden we zeggen: freelancer.

De drijfveer van het duo: waarheidsvinding in de gedeelde Duits-Duitse geschiedenis. In het herenigde land net zo onder het tapijt geschoven als hier.

Dit onderwerp staat hoog op mijn lijstje om tegen het licht te houden als mijn vast dienstverband bij de krant is beëindigd.

Waar de overheid verzaakt, ligt een onderzoekstaak voor de journalistiek.

21 Bootkaping in Perzische Golf

De vrijlating van de gijzelaars in Iran gaat het Rotterdamse bergingsbedrijf Smit Internationale miljoenen guldens kosten.

De autoriteiten in Bandar Imam Khomeini en Teheran eisen ondertekening van een zogeheten 'letter of intent', ofwel een schuldverklaring. Die wordt verlangd voor de wanprestatie, waarvan de Iraniërs Smit beschuldigen.

De opvarenden van de zeesleper Banckert zijn sinds zaterdagnacht veilig. Hun vaartuig ligt één mijl buiten de kust van Bahrein voor anker. Een reportageteam van deze krant kwam gistermiddag met de gecharterde tender Kanoo-5 langszij.

Bron: De Telegraaf

Medio augustus 1997. Een Amerikaanse helikopter keert terug van een patrouillemissie in de zuidelijke omgeving van Irak. Onderweg naar het vliegdekschip waarop het toestel thuishoort, treden er technische problemen op, raakt het uit de koers en stort het neer in de Perzische Golf binnen de Iraanse territoriale wateren.

De vier vliegers van de Seahawk SH60 kunnen zich op een vlot redden. Het verwrongen helikopterkarkas zinkt al snel naar een diepte van een meter of zestig.

Het toeval wil dat het Rotterdamse maritieme bedrijf Smit op dat moment in hetzelfde gebied bezig is met twee bergingsklussen voor de Iraniërs. De drijvende bok Smit Cyclone en de zeesleper Banckert worden daarbij ingezet. Samen tellen ze meer dan dertig bemanningsleden.

De neergestorte SH-60 zit volgestouwd met ultramoderne apparatuur op het gebied van fotografie en afluisteren, alsmede geavanceerde satellietcommunicatie. De bevelhebber van de Amerikaanse vijfde vloot in de Perzische Golf oordeelt dat deze vindingen maar beter niet in Iraanse handen kunnen komen. Hij legt contact met Smit en verzoekt om een discrete en snelle berging.

Als de Iraniërs ontdekken wat er zich feitelijk onder hun ogen heeft afgespeeld, brengen zij de Hollandse vaartuigen op en leggen die in eigen haven aan de ketting. De bemanningen komen onder bewaking te staan van revolutionaire gardisten. Ze kunnen geen kant op en bevinden zich dus feitelijk in gijzeling.

De situatie lijkt ernstig te worden als de drie hoogste officieren van Smit, twee Nederlanders en een Brit, aan wal worden gebracht en dreigen te worden gedagvaard wegens spionage.

De gijzeling sleept zich begin oktober al weken voort. Samen met fotograaf Rob de Jong wordt er afgereisd naar Bahrein. In Nederland levert geen enkele poging tot informatie iets op. Er vindt 'stille diplomatie' plaats. Gesprekken achter de schermen, in het diepste geheim, waarover niemand in het belang van de veiligheid van de gijzelaars ook maar iets wil zeggen. Het wordt een missie 'in the blind', op goed geluk.

Bij aankomst op het vliegveld van Bahrein valt er een natte dweil op ons. Het is er bloedheet en vochtig. In Rotterdam hadden we al nagegaan dat Smit een kantoor heeft in het havengebied. We laten ons er afzetten door een taxi.

Op een jonge Filipijnse secretaresse na is het bureau verlaten. "Iedereen is weg. Het is erg druk op het moment."

Ze stelt zich voor als Monet.

"Familie van Claude?"

Ze kijkt ons niet-begrijpend aan.

"Claude Monet."

"De Franse schilder."

Ze lacht verlegen, alsof ze het niet weet.

"Ik heet eigenlijk Cleové en kom van de Filipijnen. Smit heeft liever dat ik mij Monet noem."

Ze is openhartig en staat blijkbaar open voor een vertrouwensband.

"Wij komen voor de gijzelaars."

"Daar mag ik niets over zeggen. Mister Leo Kleyweght, mijn directeur, gaat daar over. Maar die is er niet."

"Waar is mister Kleyweght?"

"Dat mag ik niet zeggen."

Later die dag, als we terugkeren op haar kantoor na ons met een taxi door de haven te hebben laten rondrijden om een indruk te krijgen van het gebied, lacht het geluk ons toe.

Cleové ziet onze komst klaarblijkelijk als een verzetje tijdens een lange, saaie dag op het verlaten kantoor in het decentrale havengebied.

Er komt een gesprek op gang over Parijs, over kunst en Monet en over haar werk, zo ver weg van huis. "Eén keer per jaar mag ik naar mijn ouders." Telkens laat ze meer informatie los, ondertussen thee schenkend en bescheiden lachjes uitdelend.

Tersluiks informeren we naar de situatie van de gijzelaars.

"Er is nog niets veranderd."

"Het is belangrijk dat wij mister Kleyweght te spreken krijgen."

Na uren praten lijkt ze ons opeens te willen helpen. Op haar bureau staat een doosje waaruit Cleové een visitekaartje pakt. Het blijkt er een te zijn van Leo Kleyweght, de hoogste baas van Smit in het Midden-Oosten. Ze krabbelt ook een paar woorden op een papiertje.

"Bij die haventerminal moeten jullie zijn."

Het gaat gepaard met een gebaar van vertrouwelijkheid.

"Maar, pssstttt."

We geven haar een knipoog en zijn al weg.

De businesscard van de managing director van Smit Internationale Middle East doet wonderen. Als er iemand vragen stelt, tonen we het kleinood.

"Wij komen voor deze man. It's urgent. Het is dringend."

De terminal die werd aanbevolen door Cleové kan alleen worden betreden na de douane te zijn gepasseerd. In een kantoortje worden kopieën getrokken van onze paspoorten.

Vanuit een aircogekoelde wachtruimte zien we op de kade activiteiten op gang komen.

Matrozen brengen een schip in gereedheid. We hebben geen idee waarom we hier moeten wachten en waarop.

"Your tender is ready", klinkt het na een kwartier. Onze boot is klaar. We begrijpen er niets van. Misschien is dit een buitenkansje. Zit Cleové hier achter, de hulpvaardige secretaresse bij Smit?

Een douanier geeft de paspoorten terug en wijst naar de Kanoo-5, waarvan de motoren al ronken. We zwaaien wederom met het visitekaartje van Kleyweght, nu naar de werkers op de kade.

"We shall help you", zegt een matroos.

Zonder iets te vragen gaat er een loopplank uit. Er wordt niet gekeken in de zware schoudertas van Rob de Jong die helemaal is gevuld met fotoapparatuur. Waar zouden we heen gaan?

De motoren van de Kanoo-5 draaien stationair als de tender rustig de haven verlaat en opstoomt naar een stipje op zee dat allengs groter wordt. Het blijkt de zeesleper Banckert, die toen wij uit Nederland vertrokken nog in een Iraanse haven met bemanning en al in gijzeling werd gehouden.

Dit is nieuws! Het wordt ons nota bene op een presenteerblaadje aangereikt. Het schip blijkt te zijn vrijgekomen en wij zijn ernaartoe onderweg. Aan dek van de Banckert, nu nog op een paar honderd meter afstand, komt beweging. Twee mannen in witte shirts lopen nerveus heen en weer.

"That's mister Kleyweght", schreeuwt één van onze matrozen. Er klinkt gekraak door de marifoon. De bemanningen van beide schepen zijn met elkaar in contact. We kunnen de taal niet volgen, maar het klinkt nogal opgewonden.

Mister Kleyweght blijkt 'not amused'.
Als onze tender langszij de Blanckert vaart, schreeuwt hij:
"Wie zijn jullie? Wat moeten jullie?"
"Journalisten van De Telegraaf. We willen u spreken."
Kleyweght produceert met beide handen fanatieke wegwerpgebaren. Zijn antwoord is duidelijk. We moeten wegwezen.

De automatische camera van fotograaf Rob de Jong produceert de ene klik na de andere.

"Jullie hebben hier niets te zoeken. Oprotten!"

Klik, klik, klik. De rood aangelopen druk gebarende man staat op beeld.

Hollands Glorie is een geliefd onderwerp in de media. Waar een klein land groot in kan zijn.

De strijd tegen, in en op het water. Smit is Hollands Glorie. Indrukwekkende schepen en harde werkers, blanke pit. Mannen die de elementen trotseren, waar ook ter wereld. Nederland spreekt een woordje mee. Zeker op zee, als afstammelingen van VOC en De Ruyter. Kom niet aan Hollands Glorie.

De gijzeling van de schepen van Smit en ruim dertig bemanningsleden in de Perzische Golf staat om die reden die avond hoog op de nieuwslijst in Amsterdam. Rob de Jong seint de foto's van de Banckert vanuit het hotel als bewijs voor de lezer dat de sleper niet langer in vijandelijke handen is.

Duidelijk te zien is hoe managing director Kleyweght zich midden op zee tegen het ongewenste bezoek verweert. De volgende morgen is het opening van de krant. De voorpagina, daar doe je het voor als verslaggever en fotograaf.

Bij het opstaan de volgende morgen overheerst nog de euforie. Die duurt maar even. De hotelreceptionist meldt telefonisch dat er een brief is afgegeven.

'Urgent', staat er op de envelop. Een rekening van Smit voor het huren van de Kanoo-5.

"Jezus, wat een bedrag", ontglipt ons.

"Direct te voldoen", lezen we.

Maar waarvan?

Smit wil dus geen pottenkijkers. We bellen het vliegveld, laten de tickets van onze terugvlucht omzetten en verlaten Bahrein met gezwinde spoed, de tenderrekening onbetaald achterlatend.

Ons geweten is zuiver. We hadden niets gehuurd en geen opdracht gegeven. De tender werd ons aangeboden. Voor wie we werden aangezien op de terminal? Het blijft een open vraag.

Het commentaar van hoofdrolspeler Kleyweght ontbreekt in dit verhaal. Hij werkt tegenwoordig in Dubai en reageerde niet op verzoeken om een reactie te geven op de gebeurtenissen van destijds.

De affaire met de tender in Bahrein is niet van invloed geweest op de relatie met Smit.

Bestuursvoorzitter Ben Vree van het slepersbedrijf kreeg begin januari 2009 de versierselen opgespeld behorend bij de onderscheiding Havenman van het Jaar 2008.

Over de onbetaalde rekening van de in 'bruikleen' genomen tender uit Bahrein is ook toen niet meer gesproken.

De voorzitter van de havenpersclub Kyoto reikte de onderscheiding uit. Hij was het die de tender 'kaapte' en laat dat nou ook de schrijver zijn van dit boek.

22

Geen chocola van meervoudige relaties

Niet ieder idee of plan voor een verhaal haalt de eindstreep. Het onderwerp blijkt bij oriëntatie meteen al onuitvoerbaar, of gaande de werkzaamheden wordt duidelijk dat er toch geen verhaal in zit.

"Er is geen chocola van te maken", heet dat in journalistenjargon.

Bron: de ideeënmap

Marco was een bekende, maar om nu te zeggen dat we goede vrienden waren, nee. Toch vertrouwde hij mij op een goed moment toe dat zijn vader, een bekende Nederlander uit het zuiden des lands, behalve te zijn getrouwd met de vrouw die zijn moeder is, ook samenleefde met zijn secretaresse.

Anton Heyboer kenden we in die tijd, de jaren zeventig, natuurlijk allemaal. De artistiekeling uit het Noord-Hollandse Den Ilp leefde samen met vijf vrouwen.

Heyboer was Heyboer en die was volstrekt uniek. Dat dacht je tenminste. Dat unieke was maar deels waar, ontdekte ik steeds vaker.

In dezelfde periode dat ik het verhaal hoorde van Marco over zijn vader met twee vrouwen, ving ik elders signalen op van soortgelijke relaties.

Zoiets is typisch. Als iemand meldt een bepaald type auto te hebben gekocht, denk je vaak: goh, die zie je zelden rijden. Maar als je er dan op gaat letten, struikel je erover. Bij wijze van spreken.

Meervoudige relaties. Zó benoemde ik het verschijnsel en dacht: daar zit een verhaal in. Bij de eerstvolgende gelegenheid vroeg ik Marco of ik zijn vader mocht benaderen voor een interview over diens bijzondere band met twee vrouwen.

Ook in de kennissenkring van mijn toch enigszins behoudende ouders kwam een niet alledaagse relatie voor. Iedereen wist ongeveer hoe het zat, maar niemand kende de situatie precies. Ieder dacht er het zijne of hare van. In die tijd was het niet echt bon ton om openlijk te praten over dit onderwerp.

Alles draaide om Hetty, een levenslustige vrouw, getrouwd met een collega van mijn vader die werkzaam was op de redactie van de keurige NRC. Het getrouwde stel woonde in de Haagse periferie en genoot bij vrienden en kennissen een zekere reputatie vanwege de feesten die er werden gegeven.

Een buurman van Hetty, hoogleraar aan de Technische Universiteit Delft, amuseerde zich op die avonden uitstekend. Eigenlijk vond hij het bij Hetty veel gezelliger dan thuis. Om een lang verhaal kort te maken; de buurman verliet zijn vrouw en voegde zich als tweede man bij het stel in het belendende perceel.

Eenmaal oog hebbend voor dit soort zaken stuitte ik op nog meer voorbeelden. Velen wisten ervan, maar zelden werd erover gesproken.

Toch hoorde ik van een onderwijzer die er twee gezinnen op nahield. Getrouwd met de ene vrouw en vader van haar kinderen, een tiental kilometers verderop samenlevend met een vriendin die ook kinderen van hem baarde. De man pendelde tussen die gezinnen op en neer.

De vader van Marco toonde zich niet eens zo verbaasd of verrast toen ik mijn indiscrete verzoek deed voor een interview.

"Snotneus, wat gaat jou dat aan?", had ik als reactie verwacht. Maar de medicus – dat was hij van professie –, stelde nuchter:

"Ik moet het mijn vrouwen vragen. Bel over een paar dagen maar terug."

De reactie van de dames was negatief.

"Ze willen niet dat ik met ons privéverhaal in de openbaarheid treed."

Niet alleen in dit specifieke geval, maar ook elders was geen greep te krijgen op het onderwerp. Ondanks Heyboer en zijn vrouwen: te gevoelig voor die tijd.

Wat mensen achter hun voordeur doen, 's avonds als de gordijnen dicht zijn, moeten ze zelf weten. En met wie ze ontbijten de volgende morgen ook.

Hoe regel je een relatie met twee vrouwen financieel en organisatorisch? En hoe gaat het in vakantietijd? Samen uit, samen thuis? Of wisselend met de ene partner en dan weer met de andere?

Een van de functies van de journalistiek is om nieuwe of onderbelichte trends te signaleren.

Uit dat oogpunt blijft het onderwerp een verhaal. Misschien iets voor 'de bladen', om er alsnog chocola van te maken.

* * *

Het niet meegaan van een verhaal is voor journalisten een nog grotere frustratie dan dat een onderwerp mislukt.

Eindredacteuren moeten een keuze maken tussen de aangeboden kopij. De onderwerpen staan vermeld op nieuwslijsten. Berichten die de krant als enige heeft, krijgen een extra aanduiding van belangrijkheid.

Iedere journalist is erop gebrand dat zijn bijdrage meegaat. Het is de eindredacteur die de keuze bepaalt en die valt voor de verslaggever wel eens nadelig uit.

Het verhaal wordt meteen al gedeletet omdat het toch niet zo actueel blijkt te zijn als aangekondigd of het belandt op de tekstbank als de kwaliteit wel voldoet maar er geen ruimte voor is. Deze voorradenlijst wordt aangesproken als er een keer een gat dreigt te vallen op een pagina. Naarmate een verhaal langer op die lijst staat, wordt de houdbaarheid ervan steeds kleiner. De actualiteit slijt ervan af. Het eind van het verhaal is dan meestal ook letterlijk het eind van het verhaal.

Verslaggevers moeten hiermee leren leven. Je went eraan en krijgt een dikke huid, of het went nooit. Vervelend is het vooral voor bronnen en relaties als een verhaal de eindstreep niet haalt. 'De krant' is geweest. Maar waar blijft de publicatie? Alsof dat vanzelfsprekend is.

Niet dus. U bent gewaarschuwd.

Een onderwerp waarover in dit boek voor het eerst wordt gepubliceerd, is de tip die binnenkwam op de redactie in Den Haag over een oude moordzaak.

Een man meldde zich telefonisch. Hij had een zwakke stem.

"Ik wil een afspraak met een verslaggever maken, omdat ik mijn einde voel naderen. Ik heb een geheim dat ik niet zonder het aan iemand te hebben verteld, wil meenemen in mijn graf."

De beller woonde in Leidschendam op een etagewoning en ik ging in op het dringende verzoek om op de koffie te komen. Op de huiskamertafel lag een dossier.

"U krijgt deze gegevens straks mee naar kantoor als ik mijn verhaal heb verteld."

Geëmotioneerd stak de man, die er slecht uitzag, van wal.

"Ik besef, dat wat ik weet, geen sluitend bewijs is. Het gaat mogelijk om niet meer dan een aanwijzing. Toch voel ik de behoefte mijn geheim met anderen te delen. Ik draag het ongewild al vele jaren met me mee. Het vormt een belasting."

"Ik ben in mijn werkzame leven administrateur geweest. Een paar jaar terug moest ik stoppen, vanwege mijn slechte gezondheid."

De man noemde de naam van een destijds bekende Nederlander bij wie hij jarenlang werkzaam was geweest.

"Ik deed de administratie, zoals gezegd. Het ging om een dubbele boekhouding. Enerzijds een administratie die niet vertrouwelijk was, anderzijds een vastlegging die strikt geheim moest blijven. Van die laatste administratie wisten alleen mijn baas en ik."

"De achtergrond van de geheime boekhouding lag in de seksuele geaardheid van mijn werkgever. Hij was op-en-top homo. In die dagen was het 'not done' dat mannen elkaar ontmoetten. Dat moest heimelijk. Daarvoor was geld nodig en een verborgen pied-à-terre.
Die zaken werden geregeld in de geheime administratie."

"Het pied-à-terre was in Amsterdam langs een gracht. Van de ene op de andere dag moest ik alles liquideren met betrekking tot het geheime ontmoetingsadres. Alles moest worden vernietigd. Met carbon had ik altijd stiekem duplicaten gemaakt. De verstandhouding met mijn baas was niet goed. De papieren gaven mij het gevoel sterker tegenover hem te staan, mochten zich problemen gaan voordoen. Ik heb er nooit misbruik van hoeven te maken. Mijn baas trof een goede regeling, toen ik gedwongen door ziekte moest stoppen met werken.

Daarna heb ik hem nooit meer gezien. Die behoefte was er wederzijds niet, denk ik."

"Waarom het pied-à-terre moest worden opgezegd en de administratie moest worden vernietigd, is mij nooit verteld. Vragen stellen deed je niet in die tijd. Ik voerde uit wat mij werd opgedragen."

"Wat mij wel opviel was dat mijn werkgever in de periode dat dit deel uit zijn leven moest worden weggewerkt, uiterst nerveus en gespannen was. Anders dan anders. Erg kortaf. Ik begreep er niets van, totdat zich een nieuwsfeit voordeed waar ik een verband mee zag. Het betrof een moord. In die dagen was dat nog groot nieuws."

"Er was een lijk gevonden van een Britse homofiel. Een filmregisseur. Berkeley, heette hij.

Claude Berkeley. Een bekend iemand, destijds. De man werd als een pakketje uit het Amsterdam-Rijnkanaal gevist. Hij had alleen nog suède schoenen aan."

"Zoals ik u zei: ik heb geen enkel bewijs in handen, dat mijn baas iets met die moord te maken heeft gehad. Het verband tussen het wegpoetsen van zijn geheime leven en het vinden van dat lijk heeft mij wel geïntrigeerd. Het kan toeval zijn geweest, maar ook niet. Ik heb er nooit met iemand over gesproken. Je wilt je baan niet kwijt. Ik wilde ook niet het risico lopen mijn baas ten onrechte in diskrediet te brengen. Nu mijn einde nadert, speelt mijn geweten op. Heb ik er wel goed aan gedaan te zwijgen?"

Via de afdeling persvoorlichting van de Amsterdamse politie ging ik op zoek naar een rechercheur die in 1965 had meegewerkt aan het onderzoek naar het misdrijf waarvan Claude Berkeley slachtoffer was geworden. Ik kreeg een naam en kon een afspraak maken.

Betrokkene was een grijzende speurder. Hij keek mij een beetje mismoedig aan en liet mij het verhaal doen, zoals hierboven omschreven.

"Heer Jongedijk", begon hij, toen ik was uitgesproken, op resolute toon, "heeft u enig idee hoeveel moorden er jaarlijks worden gepleegd in deze mooie stad. En hoeveel wij er níét oplossen?"

Ik poogde begrip te tonen.

"Wereldvreemd ben ik niet. In Rotterdam kunnen ze er ook wat van. Ik ben daar verslaggever. Maar het gebeurt toch niet iedere dag dat er iemand komt met aanwijzingen die mogelijk kunnen leiden tot een verdachte?"

Hij begon sarcastisch te lachen. Opende demonstratief de deur van zijn kamer. "Een moord uit 1965. Ik heb wel wat anders te doen."

Het dossier heeft nog enige jaren in een bureaula gelegen. Bij een opruimbeurt is het uiteindelijk de prullenmand in gegaan.

Cold Case Teams kende men toen nog niet bij de politie om oude, niet-opgeloste zaken nog eens tegen het licht te houden, zoals dat vandaag de dag steeds vaker gebeurt.

Mocht de recherche van de Amsterdamse politie alsnog geïnteresseerd zijn in de identiteit van de bekende Nederlander uit dit verhaal, die door de Leidschendammer in verband werd gebracht met de zaak Berkeley, dan geef ik de naam van de 'verdachte' graag prijs.

Die 'verdachte' kan niet meer worden vervolgd, want ook hij is inmiddels overleden. Dat maakt het niet erg waarschijnlijk dat er nu nog ook maar één politieman geïnteresseerd zal zijn in deze zaak. Maar ik wacht af.

* * *

Van een geheel andere orde is het verhaal dat mij ter ore kwam over een Brabander.

R. had een uitstekende baan en een goed leven dat een nog roos-kleuriger wending leek te krijgen, toen hij winnaar werd van de Postcodeloterij. Van de in zijn schoot gevallen miljoenen kocht hij een nóg mooier huis en zegde zijn baan op om leuke dingen te kunnen gaan doen.

Dat laatste leidde ertoe dat R. eindelijk de tijd vond om zijn vrouw te volgen in haar grote voorliefde voor de paardensport. Het noodlot sloeg echter toe. De gefortuneerde Brabantse provinciegenoot – ik woon er ook sinds tien jaar – viel hardhandig van zijn edel dier. De diagnose was ook onfortuinlijk: een dwarslaesie.

Het geluk bij dit ongeluk is het vele geld dat hij won. Dat wordt nu ingezet om zijn leven, ondanks zijn handicap zo leefbaar mogelijk te maken. Zo heeft hij een speciale rolstoel laten ontwerpen die het hem mogelijk maakt om te golfen. Een vorm van innovatie waar ik graag over zou schrijven, zodat armlastige gehandicapten er mogelijk ook hun voordeel mee kunnen doen.

23

Drievoudige moord met kerst

Slobodan Mitric moet als geheim agent van de Joegoslavische inlichtingendiensten Vlado Dapcevic liquideren. Deze woont in Brussel en geldt als de gevaarlijkste tegenstander van het Tito-regiem. Mitric weigert. Op dat moment deserteert hij uit 'de dienst'.

Nog geen week later wordt er in Amsterdam een aanslag op hem gepleegd. Bij een tweede poging is Mitric zijn tegenstanders te snel af. Ironie van het lot: door te weigeren één man te doden, doodt hij er drie.

Het gevolg: een veroordeling tot 18 jaar gevangenisstraf, omdat de autoriteiten essentiële informatie over de politieke aard van de zaak achterhouden.

Na perspublicaties – onder andere in Elseviers Magazine' – een nieuw vonnis: dertien jaar en erkenning van het politiek aspect.

Bron: Geheim-Agent van Tito
Uitgeverij Samurai, isbn 90 6316 091 7

"Dit is de radionieuwsdienst verzorgd door het ANP. In het centrum van Amsterdam zijn vanmorgen bij een schietpartij drie doden gevallen. De vermoedelijke schutter is aangehouden. Volgens de politie gaat het om een afrekening in het Joegoslavische criminele milieu."

Het is eerste kerstdag 1973. Ik logeer met mijn ouders bij kennissen in het Zuid-Limburgse Spaubeek. Henk en George, het vriendenstel waar we verblijven, bewoont een prachtige vakboerderij in de Holstraat. Een van de kamers onder het rieten dak is ingericht als kapel van de Vrij Katholieke Kerk, het geloof dat mijn vader jarenlang aansprak: "We hebben hier onze eigen Lieve Heer op zolder."

Het schokkende nieuws op de radio brengt beroering aan de koffietafel die we met elkaar genieten en haalt ons even uit de vredige en juist in Limburg rond dit jaargetij zo idyllische sfeer, zeker als het glooiende landschap is voorzien van een witte deken.

Ik kan op dat moment niet bevroeden dat de dader van het hoofdstedelijke geweld een aantal jaren later in mijn leven zal komen. Dat ik hem goed zal leren kennen en dat ik een boek over hem zal schrijven.

Elseviers Weekblad publiceert nog geen twee jaar later een coverstory over de inmiddels bij velen in vergetelheid geraakte schietpartij. Het blad drukt daarbij een foto af van de langharige Mitric en kopt onder zijn naam: "De killer van Tito's geheime dienst in Nederland."

Bij toeval ontmoet ik de schrijver van dit verhaal in de modezaak 'Le Copin/La Copine' in de Haagse Kettingstraat.

De verkoper maakt mij attent op een andere klant.

"Hij is ook journalist, Adriaan Theeuwes van Elsevier."

We maken kennis en drinken koffie. Hij biedt mij een manuscript aan van Slobodan Mitric. "Dat is die Joegoslaaf waar ik laatst een coververhaal over heb geschreven."

Het aanbod verbaast mij. Waarom heeft Elsevier er zelf geen trek in?

"Ik zal eerlijk zijn", zegt Adriaan.

"Het onderwerp is me veel te link."

Het manuscript bestaat uit een paar honderd A-viertjes. Een snelle blik leert dat ze allemaal zijn volgetikt met een fonetische tekst. Nederlands zoals een hier pas gevestigde buitenlander zich in onze taal verstaanbaar tracht te maken. Gastarbeidertaal. Niet eenvoudig om te lezen.

Het blijkt het levensverhaal van Slobodan Mitric, de man van de schietpartij op eerste kerstdag 1973 in Amsterdam.

Na zijn arrestatie behandelde de politie Mitric als een 'gewone' crimineel. Zelf beweerde hij vanaf het begin van de verhoren geheim agent te zijn. Daar werd door politie en justitie niet serieus op gereageerd. Een medewerker van de toenmalige Binnenlandse Veiligheids Dienst (BVD) daagde Slobodan uit tijdens een verhoor.

"Mitric, als je echt geheim agent bent, schrijf je verhaal dan maar op. In het Nederlands graag."

De Joegoslaaf, die door vrienden Bob wordt genoemd, zit op dat moment gedetineerd in de Scheveningse gevangenis. Van Adriaan Theeuwes krijg ik zijn telefoonnummer.

Een dag later bel ik met 'Scheveningen' en vraag naar Mitric.

"Hij is aan het sporten. We laten hem wel terugbellen."

Het is mijn eerste kennismaking met het Nederlandse gevangeniswezen. Ik ben verbaasd hoe gemakkelijk het allemaal gaat.

Een uur later belt Bob terug. Ik stel voor bij hem op bezoek te komen.

"Is helemaal niet nodig. Laten we afspreken bij de modezaak in de Kettingstraat. Morgen om twee uur." Ik ben verbijsterd.

Bob is er de volgende dag, op de afgesproken plaats en precies op tijd. We maken kennis.

Hij is een forse man, kijkt je met zijn grote bolle ogen indringend aan en laat af en toe een charmante lach zien. Zijn optreden straalt daadkracht uit. Hij probeert mij meteen als vriend in te palmen en heeft een dwingende manier van praten.

"Jij gaat voor mij boek schrijven", zegt hij in zijn toen nog gebrekkig klinkend Nederlands.

Het klinkt alsof de beslissing al is genomen. Deze man werd, toen hij in militaire dienst kwam, niet voor niets al heel vroeg geselecteerd voor de Joegoslavische geheime dienst.

Een sterk karakter, een krachtig lichaam en een fotografisch geheugen.

Ik vraag hem hoe hij de cel kan verlaten en gewoon op stap kan gaan. Hij laat een briefje zien.

"De gedetineerde S. Mitric heeft heden verlof van 11.00 tot en met 16.00 uur, vanwege autorijles."

Er volgen nog heel wat 'autorijlessen'. Telkens als het nuttig is om elkaar te spreken over het manuscript dat een boek moet worden. Het is een moeilijke klus. Tientallen namen komen erin voor en ze lijken allemaal op elkaar.

Als Bob wordt overgeplaatst naar Esserheem in Drente wordt het werk er niet eenvoudiger op door de afstand. Ook hier kan ik hem gewoon bellen. De administratie van de strafinrichting reserveert een kamer als ik met Bob wil bijpraten.

"Ik ga een feest geven", kondigt hij enthousiast aan tijdens een van de bezoeken.

"Een karatevoorstelling voor de andere gedetineerden. Jij moet ook komen. Met je vrouw."

Het lijkt mij een sterk verhaal. De uitnodiging valt keurig gedrukt een paar dagen later in de brievenbus.

Op de avond zelf wordt er gekookt door de Molukse treinkapers die hier ook gedetineerd zitten. Ze serveren zelf de maaltijd uit. De gesprekken met de gedetineerden zijn ontspannen. Over van alles en nog wat, maar de reden van verblijf wordt door eenieder vermeden.

Wie naar het toilet moet, krijgt een bewaker mee. Ook de gasten van buiten. Die dag waren we eerst in Groningen, op bezoek bij mijn grootmoeder. Ze ging een saaie avond tegemoet, klaagde ze.

"Er is hier maar weinig vertier."

Ik moet tijdens de voorstelling achter de tralies onwillekeurig aan haar denken. Eerlijk, oud en eenzaam. Het is niet altijd goed verdeeld in de wereld.

Oma Jongedijk zou het in haar bescheiden onderkomen uithouden tot de gezegende leeftijd van ruim 102 jaar.

Als het manuscript van Mitric klaar is, moet er een uitgever worden gevonden. Het ene na het andere bedrijf haakt af.

"De inhoud past niet in ons fonds."

De afwijzingen hebben allemaal dezelfde teneur.

Bob aan de telefoon.

"Er is een medebewoner, Frans de Wit, die de uitgave wel wil financieren. We kunnen het boek gewoon zelf uitgeven."

Het lijkt weer een sterk verhaal.

Frans de Wit blijkt een vermogend man. Hij maakte fortuin als koppelbaas in de Rotterdamse haven. Zijn bijnaam luidde in zijn gloriedagen Papa Blanca. Zijn vrouw Wil regelt de benodigde twintig briefjes van duizend gulden die gewoon ergens uit een bankkluis worden gehaald. Vijfduizend exemplaren worden van het boek gedrukt.

Het Centraal Boekhuis in Culemborg, de verspreider in Nederland van zo ongeveer alles wat een kaft heeft, is de volgende schakel in het proces. Ook hier tegenwerking, zonder duidelijk motief. Zaken zijn zaken, maar niet met Mitric.

Bob weer aan de telefoon.

"Ik heb gebeld met sportvrienden. Dan maar niet via de boekwinkel. Sportscholen en coffeeshops kunnen de boeken ook verkopen."

En Bob regelt het. Vanuit de cel.

Mitric is jaren een goede relatie van mij geweest, zoals ik er talloze heb. Hij beschouwde mij altijd als vriend, een eigenschap die bij gedetineerden sterk is ontwikkeld.

Toen wij vanwege mijn correspondentschap in Berlijn woonden, in de periode 1998 – 2003, en mijn vrouw het verzoek kreeg van de ambassade om Nederlandse gevangenen te bezoeken, heb ik haar dat ontraden. Niet dat ik gevangenen het recht misgun op sociaal contact met mensen van buiten, maar dat contact vereist het vermogen om voldoende afstand te bewaren. Niet iedereen is daarvoor geschikt. Bovendien, vrienden máák je; je krijgt ze niet.

Toen er berichten verschenen in de Nederlandse media dat Slobodan Mitric 'zaken deed' met Heer Olivier was voor mij het moment gekomen om het contact te verbreken. De 'heer van stand' vertegenwoordigde de échte misdaad en daar wenste ik buiten te blijven.

Mitric was en is in ons land, zo bepaalden gerechtelijke procedures, ongewenst vreemdeling.

Hij trouwde met de Amsterdamse kunstenares Iris de Vries, die enkele jaren terug op 64-jarige leeftijd overleed.

Hoewel de geboortige Joegoslaaf ongewenst vreemdeling is en hij om die reden geen recht heeft op een uitkering of medische verzorging woont Mitric nog altijd in ons land. Oud-minister Gerd Leers (Immigratie) liet begin 2012 weten aan te sturen op zijn uitwijzing.

Mitric blijft zich hiertegen verzetten 'omdat haat nooit verjaart'. Hij waant zich in zijn land van herkomst om die reden niet veilig.

24

Journalist van vader op zoon

"Volkomen overstuur door publicaties in het Haagse ochtendblad Het Vaderland en de daarop volgende boze reacties van buren heeft de 30-jarige echtgenote van de Chinese restauranthouder Tjin a Lien gistermiddag gedreigd zich door een sprong van het 12 meter hoge dak van haar woning aan de Laan van Nieuw Oost-Indië van het leven te beroven.

Politieagenten en familieleden wisten haar niet van het voorgenomen plan af te brengen.

Slechts nadat hoofdredacteur J. W. Jongedijk in een persoonlijk gesprek had toegezegd een rectificatie in zijn blad op te nemen kwam de vrouw naar beneden.

Reden van de gemoedstoestand van de vrouw was de ontdekking van de verdwijning van een herdenkingsplaat op de gevel van het huis. De plaat, aangebracht ter herinnering aan de fusillering van twaalf Hagenaars in december 1944, was verdwenen bij de verbouwing van het pand tot Chinees restaurant. De houding die de buurt na het artikel had aangenomen was mevrouw Tjin a Lien gisteren te veel geworden. Ze klom op het hoogste punt van het dak aan de achterkant van haar woning. Een uur lang dreigde ze naar beneden te springen, totdat de toezegging van een rectificatie haar kalmeerde.

De heer Tjin a Lien zou echter – zoals ook vanmorgen in Het Vaderland werd vermeld – geen enkele schuld hebben aan de verdwijning van het gedenkteken."

Bron: Haagsche Courant

Dit krantenbericht dateert uit de zomer van 1971. Ik was nog maar kort in dienst als leerling-verslaggever bij Dagblad Tubantia in Enschede, een regionale krant, diepgeworteld in de Twentse samenleving. Van de Oliemolensingel, waar ik een kamer huurde, kon ik lopend naar het moderne krantengebouw, dat toen nog verscholen lag achter een inmiddels afgebroken viaduct aan de Getfertsingel. Al snel leerde ik in het regionale dialect dat ik werkte bij 'de Bans oet Enschke'. Op verzoek van de chef van de redactie in Almelo werd ik lid van zijn honkbalvereniging 'Oetsmieters', de Uitsmijters dus in hoog-Nederlands. Ik was en ben geen sportman, niemand bij ons thuis vroeger – 'no sports', zoals Churchill zei – maar zag de toetreding tot zijn club als een investering in mijn loopbaan.

Jan van Kooy, de baas van de redactie waar ik mijn eerste schreden zette in de journalistiek, zou een weigering niet plezierig hebben gevonden. Zelf speelde hij in het eerste. De Uitsmijters had toen nog geen écht tweede team. Het 'tweede' werd improviserend samengesteld uit goedwillende beginners. Bij iedere tegenstander zagen we alle hoeken van het veld! Dat hoort bij honkbal, maar voor ons was het een martelgang.

Jacob Willem Jongedijk (roepnaam Jaap) was mijn vader en oefende als hoofdredacteur van het Vaderland in Den Haag het beroep uit van journalist. Het is dus niet helemaal toevallig dat een van zijn twee zonen in zijn voetsporen is getreden. Achteraf heeft het mij altijd verbaasd dat ik dat ben geworden. Mijn broer Pieter, vijf jaar ouder, was naar mijn mening veel doortastender voor dit vak en leverde al heel jong pennenvruchten af, ook al haalden die alleen de schoolkrant. 'En dan kent u weer het genot, maar ondertussen zijn uw longen verrot', dichtte hij destijds onder het pseudoniem Nico Tine. Pieter deed niets met dat talent en koos voor de zakenwereld. En met succes, weten we nu, vier decennia later.

Na een blauwe maandag te hebben gewerkt in een Amsterdamse dropfabriek en in een Arnhemse schoenenzaak stond voor mij vast dat ik niet was voorbestemd voor een loopbaan tussen de vier muren van een laboratorium, of die van een winkel. De charmante verkoopsters ten spijt. Want daar diende je dus van af te blijven.

Ik was twintig jaar oud, stond onbevangen in het leven en genoot van iedere dag. Mijn vader misgunde me dat niet. Maar Jaap Jongedijk was ook een man van principes. "Werk, want de nacht zal komen", luidde zijn levensmotto. En het moet gezegd, tot op de dag van vandaag blijkt dat te kloppen.

Op de avond van de vierde mei, de dodenherdenking op de Waalsdorpervlakte, niet ver van ons ouderlijk huis in het Haagse Benoordenhout, scheepte hij me onverwacht op met een klus. "Je hebt toch niets te doen. Ik ben zojuist gebeld door de krant dat degene die mee zou lopen om de dodenherdenking te verslaan, is verhinderd. Ga jij maar. Neem iets mee om te schrijven. Kijk goed wie er wel zijn en wie niet. En let op bijzonderheden."

Ik was overrompeld. "Bijzonderheden?", vroeg ik aarzelend.

"Ja. Of alles loopt zoals het moet lopen. Nieuws is als er iets anders gebeurt dan verwacht.
    Schiet wel op, want je verhaal moet morgenochtend in de krant. En ik moet het nog wel kunnen corrigeren."
    Dat gebeurde grondig. Van de oorspronkelijke tekst bleef weinig heel.
    Het uiteindelijke resultaat in de krant koesterde ik alsof het wél mijn eigen werk was.

Na mijn vuurdoop volgden de ontwikkelingen zich in hoog tempo op. Er gingen sollicitatiebrieven uit naar Rijn & Gouwe, Arnhemse Courant en dagblad Tubantia. Het vak van journalist zag ik opeens wél zitten.

Is het kinderen niet eigen om zich af te zetten tegen hun ouders, en tegen het werk dat zij doen? Tijdens de minuut stilte van de dodenherdenking verdween de weerstand tegen het vak van mijn vader. Het was muisstil en ik zag het licht, zoals gelovigen dat plegen te zeggen.

Bij de eerste twee sollicitaties werd ik afgewezen als leerling-journalist, de functie waar ik op reflecteerde. Het eerste gesprek liep uit op een woordenwisseling. De hoofdredacteur van de Rijn & Gouwe wilde mij een proeve van bekwaamheid laten afleggen. Ik moest de bedrijfsleider interviewen.

"U mist ervaring. Ik wil zien wat u kan."
   "Daar kom ik niet voor. Dit is een sollicitatie en geen examen." Ik stond zo weer buiten.
   In Arnhem ging de voorkeur uit naar een ander. De schriftelijke afwijzing was nauwelijks gemotiveerd.

Ik mocht ook op gesprek in Enschede bij hoofdredacteur Johan de Bode van Tubantia, een meester in de rechten. De man bekeek mijn eindlijst, richtte zich met een indringende blik tot mij en sprak de verrassende woorden:

"U bent aangenomen."
   "Ik ben wat…"
   "Aangenomen."
   "Een prima cijfer voor recht. Ik weet genoeg."

Binnen vijf minuten was ik op weg naar personeelszaken om het arbeidscontract te laten opstellen.

Het bericht van het overlijden, op een gezegende leeftijd, van de oud-hoofdredacteur van wat nu Twentse Courant Tubantia is, in de loop van 2010, heeft mij wel geraakt. Hoe zou mijn leven zijn verlopen als ik deze eerst kans in de journalistiek niet had gekregen?

Ik mocht bij Tubantia naar hartelust switchen van redactie. Van binnenland naar economie, van de stadsredactie naar de streek, het buitengebied. Meestal werd je er met een fotograaf op uitgestuurd, naar werkzaamheden ergens in het buitengebied voor een plaatje en een praatje, zodat de lezer erover in woord en beeld kon worden bericht. Maar ik ging er ook alleen op uit. Op de fiets.

"Zo, jongeman. Wat kom je doen?" vroeg de portier van een textielfabriek die in de problemen was gekomen, volgens een anonieme tip aan de krant. De man had gezien hoe ik mijn tweewieler aan het hek van het bedrijf had vastgemaakt.

"De directeur spreken. U staat binnenkort misschien echt op straat en niet zoals nu maar voor even."

De man keek me aan of ik niet goed wijs was.

De fabriek bleek inderdaad in de problemen. Ik begreep een primeur in de pocket te hebben.
Met rood aangelopen hoofd dook ik terug op de krant achter de schrijfmachine.

"Honderden ontslagen toegezegd", kopte ik in mijn enthousiasme. Die avond gleed de krant in de bus met mijn verhaal op de voorpagina. Een trots gevoel.

De volgende morgen moest ik bij De Bode op het matje komen. Hij had een ongelukkige naam voor een hoofdredacteur. Zeker aan de telefoon. Mensen werden nog al eens verkeerd doorverbonden. "Ik vroeg naar de hoofdredacteur, niet naar de bode!" In veel bedrijven bestond in die dagen de functie van bode nog.

Bode's gezicht stond op storm. Terwijl ik juist een compliment had verwacht.

"Jongedijk, wanneer zeg je iets toe?"

De vraag horend, realiseerde ik mijn fout. Toezeggen is positief, niet bepaald van toepassing bij dreigend ontslag. Een slechte tijding wordt aangezegd.

Een les om nooit te vergeten. Bij ieder krantenbericht over ontslagen, zelfs na vier decennia, gaat bij mij nog altijd de alarmbel rinkelen.

Op een avond na mijn dagtaak hoorde ik van mijn vader van de levensreddende actie die hij had moeten ondernemen bij het Chinese restaurant in Den Haag. Hij werd in allerijl opgespoord toen pogingen van politie en brandweer op niets waren uitgelopen om de wanhopige vrouw van de horeca-eigenaar van het dak te praten.

Ik kende mijn vader als een gevoelig mens, of moet ik zeggen gevoelsmens. De integriteit in persoon. Beminnelijk als hij was, waren zijn inspanningen er altijd op gericht om conflicten te vermijden.

Hij deed het verhaal van die dag heel beheerst telefonisch uit de doeken, terwijl het toch een ingrijpende gebeurtenis moet zijn geweest. Ik zag hem in mijn eigen beelden daar staan met een megafoon in de hand. Een beetje onbeholpen, want zo was-ie, met de ogen gericht op de vrouw in doodsnood op het dak. Zich niets aantrekkend van de aandacht van de media, zijn eigen beroepsgenoten op afstand. Introvert als hij was, werkte hij het liefst anoniem op de achtergrond, net zoals ik dat graag doe. Nu stond hij onvoorbereid midden in de schijnwerpers.

"Het gelijk is aan uw kant, mevrouw. Dat heb ik gezegd. Omdat het ook zo was", hoorde ik hem zeggen door de telefoon, het moeilijke gesprek van die middag herhalend.

"Ik ben de baas van de krant. We zetten er morgen duidelijk in dat uw man niets valt te verwijten. Dat beloof ik u."

Het duurde heel lang voordat ze reageerde, legde hij me uit.

"Ik dacht even dat ook mijn poging faalde. Toen zei ze: 'Ik kom naar beneden'. Jongen, wat was ik gelukkig en dankbaar."

De dreiging met zelfmoord als gevolg van een stukje in de krant betekende voor mij meer dan een vervelende belevenis voor mijn vader. Het was een les in journalistieke verantwoordelijkheid uit de praktijk. Direct aan het begin van mijn loopbaan ervoer ik hoe belangrijk het is om afgewogen te werk te gaan.

Jaap Jongedijk was niet alleen mijn vader, maar ook mijn mentor. Hij was de arrangeur van mijn toekomst op die 4e mei toen er zogenaamd een collega niet naar de dodenherdenking kon op de Waalsdorpervlakte.

Het was natuurlijk doorgestoken kaart, om toch een van zijn zonen in het vak te krijgen; daar ben ik van overtuigd. Ik trapte erin. En terugkijkend op wat de journalistiek mij in het leven heeft gebracht, kan ik alleen maar dankbaar zijn.

"Denk bij ieder bericht, hoe klein en schijnbaar onbelangrijk ook, altijd goed na over de gevolgen voor alle betrokkenen", drukte hij mij op het hart na het incident.

"Een krant moet informeren, naar eer en geweten. Niet choqueren. Dat is alleen te voorkomen als alle informatie terdege is gecheckt. Standpunten, hoe uiteenlopend ook, behoren evenwichtig duidelijk te worden gemaakt."

Zijn eigen krant had in de berichtgeving over het Chinees restaurant niet aan zijn eisen voldaan, oordeelde hij later.

De emoties vanuit de omgeving over het weghalen van een her-denkingsplakkaat waren te eenzijdig belicht, zeker tegen de ach-tergrond van het feit dat de eigenaar zich niet bewust was van de emotionele waarde. De restauranthouder had alleen de intentie gehad werk te laten uitvoeren in het kader van een verbouwing. Daar stak geen kwade gedachte achter.

"Iedere dag staan er onevenwichtigheden in de krant. Dat kan een boos telefoontje opleveren, een ingezonden brief of zelfs een aanklacht bij de rechtbank als er gefundeerde bezwaren zijn", zo hield hij mij voor.

Een journalist die onzorgvuldig omgaat met zijn bronnen is snel uitgeschreven en zal er nooit in slagen een netwerk op te bou-wen van tipgevers. Verslaggevers zijn op redacties gewend om in teamverband te opereren, maar ze functioneren vooral als kleine zelfstandigen.

Dagelijks moeten ze er zelf voor zorgen dat er verhalen op de plank komen. Gevoel voor nieuws, inventiviteit en veel maat-schappelijke contacten zijn daarvoor onontbeerlijk.

Wat mijn vader heeft meegemaakt, is een extreem voorbeeld van wat er kan gebeuren als er iets misgaat met een krantenbericht. Ik heb ook fouten gemaakt. In dit boek heb ik mezelf wat dat betreft niet gespaard.

25

Ouders verongelukt;
Het Vaderland geofferd

De heer J. W. Jongedijk, oud-hoofdredacteur van Het Vaderland, en zijn echtgenote zijn donderdagmiddag bij een verkeersongeluk in Finland om het leven gekomen.

De heer Jongedijk (63) en zijn vrouw waren met vakantie toen hun auto door onbekende oorzaak van de weg raakte en via de greppel tegen een obstakel botste.

In zijn Vaderland-tijd heeft de heer Jongedijk series artikelen geschreven over de Verenigde Staten van Amerika en Indonesië, alsmede over godsdiensten op de wereld en geestelijk leven, waarvan een aantal in boekvorm is gebundeld.

Bron: Het Vaderland

Aan een leven in dienst van de krant kwam op 9 juni 1977 een even abrupt als onverwacht een einde. Er werd rond half zeven die avond aangebeld en via de intercom van onze flat in Delft meldde zich een stem:

"Met de politie. Mogen we even boven komen?"

Ik dacht aan van alles. Behalve aan iets ernstigs. Door het rood gereden? Verkeerd geparkeerd? Vandalisme bij de flat? Veel tijd om na te denken had ik niet. De bel ging voor de tweede keer, nu boven. Ik deed de deur open en zag twee geüniformeerde agenten.

"Bent u Theo Jongedijk?" Ik antwoordde bevestigend.

"Dan hebben we slecht nieuws. Uw ouders zijn verongelukt."

Een eerder – toen gelukkig tijdelijk – afscheid, ruim twintig jaar daarvoor en alleen mijn vader betreffend, had ook al diepe indruk op me gemaakt. Het was in de haven van Rotterdam aan boord van de Noordam van de Holland Amerika Line (HAL).

Jaap Jongedijk ging voor een half jaar naar de Verenigde Staten van Amerika in het kader van een journalistiek uitwisselingsprogramma. Hij ruilde voor die periode zijn baan met een Amerikaanse collega van de Quincy Patriot Ledger, een vooraanstaand regionaal dagblad aan de oostkust.

Ik was nog geen vijf jaar oud en had geen besef hoe lang een halfjaar zou zijn. Eindeloos moet ik in de maanden na het vertrek van het schip door het havenhoofd van Hoek van Holland aan mijn moeder hebben gevraagd:

"Wanneer komt papa weer thuis?"

"Over een paar maanden"

"Heeft die meneer dat beloofd?"

"Ja, dat heeft de kapitein echt beloofd."

De man met de pet die ons aan boord een hand had gegeven, zag er wel indrukwekkend uit, maar was in mijn ogen toch een 'gewone meneer'.

In diezelfde periode midden jaren vijftig besloten havenjournalisten in Rotterdam een persvereniging op te richten. Ze dronken aan boord van het Zweedse vrachtschip Kyoto een borrel, op uitnodiging van de kapitein. Zo ging dat tijdens maidentrips en die waren er volop zo kort na de oorlog in herrijzend Rotterdam.

Wie kon toen bevroeden dat het ventje aan de kade zwaaiend naar zijn vertrekkende vader op de Noordam een halve eeuw later voorzitter zou zijn van die vereniging? De laatste voorzitter nog wel van Kyoto. De club werd in april 2011 opgeheven, noodgedwongen door vergrijzing van de leden en verschraling van de dagbladpers in Rotterdam.

Het schip waarmee Jaap Jongedijk destijds naar de VS vertrok was het tweede vaartuig van de HAL dat de naam Noordam droeg. Het ging om een gecombineerd vracht- en passagiersschip dat met een maximale capaciteit voor 148 gasten en 123 bemanningsleden de grote oversteek maakte.

"Er zijn niet meer dan 65 reizigers", schreef Jaap Jongedijk in een brief aan het thuisfront.

"We zitten overdag buiten op ligstoelen met een deken over ons heen. Je hoeft niets te doen.
    Als je wilt gaan zitten, komt er meteen een steward die je stoel aanschuift."

"Het is eten, eten en nog eens eten. Ik zit aan de hoofdtafel met kapitein Haagmans, schrijver Louis de Wohl, zijn echtgenote, een Brit en een professor uit Denemarken.
    Vanmiddag een bridgewedstrijd gespeeld. Helaas verloren. Dat kostte mij een dollar."

De eerste Noordam was in de vaart van 1902 tot en met 1928 en werd gebouwd bij Harland and Wolff in Belfast. Het vaartuig waarop Jaap Jongedijk was ingescheept, liep van stapel in 1938 op de werf van P. Smit Junior in Rotterdam. De derde Noordam volgde in het midden van de jaren tachtig en werd in Frankrijk gemaakt.

Met mijn broer Pieter ging ik begin februari 2006 naar de werf Fincantieri in Venetië op bedevaart om daar als de twee zonen van Jaap Jongedijk aan boord te gaan van het zo juist afgebouwde vierde HAL-schip met de naam Noordam. We lieten ons op het dek fotograferen met een reddingboei om de schouders, gesierd met de tekst 'Noordam Rotterdam', precies zoals dat een halve eeuw eerder was gebeurd aan boord van de tweede Noordam in Rotterdam, kort voor het vertrek van het schip met onze vader naar Amerika.

Beide foto's zijn ter beschikking gesteld aan de Holland Amerika Line (HAL) met de suggestie er een reclamecampagne mee te gaan voeren onder de noemer: 'Trouwe klanten komen terug, zelfs na een halve eeuw'. Tot op heden heeft de HAL er niets mee gedaan.

Een trans-Atlantische oversteek over het water was halverwege de vorige eeuw iets bijzonders en is dat eigenlijk vandaag de dag nog. Het vliegtuig verbindt tegenwoordig het 'oude' met het 'nieuwe' continent. Cruiseschepen maken de reis maar sporadisch.

In juni 2005 scheepte ik in New York in op de Queen Mary-2 voor de vaartocht naar Southampton in het zuiden van Engeland. Bij een prachtig ondergaande zon verliet het schip op een zondagnamiddag de haven van Manhattan en lieten de ongeveer 2500 passagiers een stad achter zich die straalde in de ondergaande zon. Prachtig!

Een halve eeuw na de reis van Jaap Jongedijk op de Noordam beleefde ik als zijn zoon wat het is om dagenlang alleen maar het water van de Atlantische Oceaan te zien. Een 'hemels geschenk', de uitstekende verzorging en het geweldige verblijf aan boord nog niet eens in aanmerking genomen.

Een leven in dienst van de krant, zíjn krant Het Vaderland, begon voor Jaap Jongedijk in 1951, het jaar waarin ik als zijn tweede zoon werd geboren.

De Parkstraat 25 in Den Haag, het 'huisnummer' waar Het Vaderland was gevestigd, werd voor hem en verbazend snel ook voor mij een tweede thuis. De journalistieke werkweek liep destijds van maandagmorgen tot en met zaterdagochtend een uur of elf. Dat was het moment waarop de krant van die laatste werkdag 'zakte', zoals de vakterm luidt die ook nu nog aangeeft dat het product helemaal klaar is om te worden gedrukt.

Op zondag, zijn enige rustdag, vroeg vader zo gauw ik maar enigszins kon lezen:

"Ga je even mee kijken op de krant?"

Geweldig spannend was dat. We kwamen binnen via de drukkerij. De indringende lucht van inkt snoof ik op alsof het zeelucht was.

Op de redactie deed de hoofdredacteur zijn ronde. Van bureau naar bureau en van paal naar paal. Paperassen werden geordend, notities op tafels neergelegd. Aan de muur opgeplakte teksten die hem niet bevielen werden hoofdschuddend weggehaald, evenals te uitdagende of schokkende foto's en 'verkeerde' cartoons.

De telexen ratelden. Den Haag was uitgestorven. Het land ook, zeker in die jaren, maar hier op de redactie voelde je dat de wereld daarbuiten onverminderd doordraaide. Bericht na bericht werd uitgespuwd op lange rollen.

Vanuit Amerika deed mijn vader voor zijn lezers verslag over de reis in paginagrote verhalen. De artikelen werden na zijn terugkeer gebonden en in bewerkte vorm als boekwerk uitgegeven: 'Amerika op het eerste gezicht'.

Mijn vader was een veelschrijver. Een keiharde werker, die van onderwerp naar onderwerp leefde. Hij was oprecht geïnteresseerd in mensen, in hun denk-en geloofswereld.

Gewapend met bandopnameapparaat deed hij zijn interviews. De gesprekken werden integraal uitgetikt. Een citaat was in die tijd ook een citaat. Ieder artikel van enige omvang werd uitgeknipt en ingeplakt. Boekenkasten puilden uit van het verzamelde eigen werk.

"Wat moeten de kinderen daar later mee als wij er niet meer zijn?"

Mijn moeder was bij het groeien van de voorraad de wanhoop soms nabij en trachtte hem met deze vraag nog enigszins aan banden te leggen.

"De openhaard mee aanmaken, of aan de stoeprand zetten", antwoordde vader dan, met niet-gemeende zelfspot, want Jaap Jongedijk was met recht trots op zijn productie.

We lachten om zijn suggesties. Niet beseffend op dat moment, dat het hier een vreselijk déjà vu betrof.

Een groot deel van zijn honderden plakboeken, de unieke weerslag van een carrière die in 1933 was begonnen bij het Groninger Dagblad, belandde tragisch genoeg op de vuilnisbelt.
     Zoals hij zelf had voorspeld. Gekscherend.

Na het ongeluk in Finland diende de Haagse huurflat binnen twee maanden te worden ontruimd. In die periode van verslagenheid en het weer enigszins op orde krijgen van ons eigen leven, dat drie weken voor het noodlottig ongeluk was verrijkt met de geboorte van een dochter, werd niet stilgestaan bij het bestaan van het Persmuseum.

Na het ongeluk werden de interessantste plakboeken in een haastklus apart gelegd. De rest ging liefdeloos mee in de grote ontruimingsoperatie. Bij het grofvuil. De flat moest leeg.

Welke journalist had eerder over een periode van 44 jaar met zo veel zorg en liefde al zijn pennenvruchten bewaard? Over zo veel uiteenlopende onderwerpen. Er werd niet stilgestaan bij de bijzondere waarde die zijn levenswerk vormde, ook voor latere generaties in het vak.

Jaap Jongedijk werkte, veelal in vaste dienst, bij het Agrarisch Nieuwsblad, de Geïllustreerde Pers in Amsterdam, de Provinciale Geldersche en Nijmeegsche Courant, het Rotterdams Parool, de opmaakredactie van Trouw in Amsterdam en het weekblad De Spiegel.

Via het Nieuwsblad van het Noorden in Groningen belandde hij uiteindelijk bij Het Vaderland in Den Haag, waar hij hoofdredacteur zou worden. In maart 1973 legde hij die functie neer 'wegens gezondheidsredenen'.

Zijn gezondheid was weliswaar niet optimaal, maar zeker niet de enige aanleiding. De oplettende lezer kon de werkelijke achtergrond halen uit het bericht dat de krant zelf publiceerde over het afzwaaien van de hoogste redactionele baas:

"De heer H. N. Appel, hoofdredacteur van het Algemeen Dagblad, releveerde het gevecht dat Jongedijk steeds heeft gevoerd voor het behoud van typische Vaderlandkaraktertrekken."

De toenmalige Nederlandse Dagblad Unie (NDU) was eigenaar van Het Vaderland. Daartoe behoorden destijds ook het Algemeen Dagblad (AD) en de NRC, toen nog niet samen met het hoofdstedelijke Handelsblad.

Het was de NDU een doorn in het oog dat De Telegraaf in Den Haag de tweede krant in oplage was, na de Haagsche Courant. De meer dan 30.000 abonnees van Het Vaderland zouden de ondergeschikte positie van het AD in de residentie kunnen verminderen. Het Vaderland werd om die reden noodlijdend verklaard. Als 'redding' werd bedacht van het deftige avondblad een Haags kopblad van het AD te maken.

'Lijk op hooizolder', luidde de kop over de volle breedte van de voorpagina van de eerste ochtendeditie, na samenvoeging met het AD. De toon was gezet.

Jongedijk had de strijd verloren om de redactionele en commerciële onafhankelijkheid van zijn krant. En dat wreekte zich op zijn gezondheid.

In zijn nalatenschap werden financiële stukken gevonden die het bewijs leverden dat de drukkerij van Het Vaderland winstgevend was. De positie van de krant was veel minder dramatisch dan de buitenwereld was voorgesteld.

Via een bevriende collega werd de vertrouwelijke informatie doorgespeeld aan het Financieele Dagblad, in de verwachting dat deze krant vanuit haar onafhankelijke positie de ware toedracht van de gedwongen fusie van Het Vaderland met het AD in de openbaarheid zou brengen.

Het verhaal is nooit verschenen. De vraag is gerechtvaardigd of de geschiedenis bij publicatie wel anders zou zijn verlopen?

De NDU trok op 14 augustus 1982 definitief de stekker uit het AD-kopblad Het Vaderland.

Een krant overigens die, net als De Telegraaf, een hoofdredacteur kende met de naam Goeman Borgesius.

Een groot deel van de abonnees van Het Vaderland bleef 'hangen', nadat het avondblad was opgeheven en de krant een insteekblaadje was geworden bij het AD. Daarmee was feitelijk het doodvonnis, de opheffing van Het Vaderland, getekend.

Wie kon toen bevroeden dat de geschiedenis zich jaren later zou herhalen? Dat het ooit zo machtige Sijthoff in handen zou vallen van Wegener (in de Randstad oneerbiedig de 'boeren uit Apeldoorn' genoemd), waardoor de Haagsche Courant ook kon worden samengevoegd met het AD, dat tegenwoordig in handen is van de Belgische Persgroep. Eerder al was het katholieke avondblad Het Binnenhof ten prooi gevallen aan Sijthoff en onmerkbaar opgegaan in de grote concurrent.

Jaap Jongedijk heeft zich gedurende zijn leven breed georiënteerd in wat er 'te koop' was aan geloven, stromingen en sekten. Hij werd een deskundige bij uitstek op dit gebied en publiceerde boeken als 'Wat gelooft uw buurman?' en 'Geestelijke leiders van ons volk'.

De Europese Bibliotheek in Zaltbommel, zijn uitgeverij, had ook belangstelling om een boek op de markt te brengen over Ridderlijke Orden in Nederland, zoals de titel later zou luiden.

Jaap toog weer aan de arbeid.

Prins Bernhard werd bereid gevonden het voorwoord te schrijven:

"Ik stel er prijs op dit boek, dat historie en de huidige werkzaamheden van de drie ridderlijke Orden in ons land behandelt, met een enkel woord in te leiden. De Orden staan voor talrijke taken die zij, dikwijls met bescheiden middelen, in alle eenvoud zo goed mogelijk hebben te verrichten, zich bewust van het feit dat hulp verleend en nood gelenigd moet worden, waar dit wordt gevraagd en nodig blijkt."

Ik herinner mij nog goed dat op een middag alleen thuis de aan de muur hangende zwartbakelieten telefoon begon te rinkelen. Nog net op tijd nam ik op. Uit haast alleen met achternaam.

"Het secretariaat van de prins. Een moment graag, heer Jongedijk, wij verbinden u door."

"Hallo, ik ben mijn vader niet."

Die boodschap kwam niet meer op tijd aan in Soestdijk.

Het werd een gezellig gesprek.

"Ach, uw vader is niet thuis. En dan belt zomaar ineens Bernhard. Waar was u mee bezig?"

De prins wilde alles van mij weten, over school en vrije tijd.

"Ik laat uw vader of zijn uitgever wel een brief sturen. Doet u hem in ieder geval de hartelijke groeten. En zegt u maar: Van de prins."

Beleefd antwoordde ik:

"U de groeten aan uw vrouw."

"Ik zal ze overbrengen, aan de koningin", lachte Bernhard.

De uitvaart van vader Jaap (63) en moeder Tea (54) in besloten kring op de openbare begraafplaats aan de Kerkhoflaan in Den Haag werd geleid door dominee Wim van der Zee, ook telg uit een 'krantengeslacht'. De broer van de vooraanstaande journalisten Sytze (oud-hoofdredacteur van Het Parool) en Henri van der Zee (oud-buitenland correspondent van De Telegraaf).

De twee stoffelijke overschotten waren op 17 juni aangekomen op Schiphol. De dag van mijn verjaardag. Sindsdien heb ik die niet meer gevierd.

Drie dagen later was de begrafenis. Van der Zee sneed de vraagstelling aan, waar het mijns inziens ook om draaide, maar waar ik nooit helemaal ben uitgekomen.

Was hun overlijden Gods wil?

"Nee", antwoordde de dominee.

Dat ik in dienst trad van het concern De Telegraaf heeft vader Jongedijk nog meegemaakt. Dat was medio 1975. Ik had gesolliciteerd bij de Verenigde Nederlandse Uitgeversmaatschappij (VNU) en was aangenomen om daar een opleiding te gaan volgen voor weekbladjournalist.

De toenmalig eigenaar van onder andere de bladen Panorama, Nieuwe Revu, Margriet en Viva (nu het Finse Sanoma) had belangstellenden opgeroepen een aantal opdrachten uit te voeren, zoals het uitdenken van reportages voor de weekbladen. Op basis van het ingeleverde materiaal werd een selectie gemaakt. Ik was bij de twintig gelukkigen.

In de aanstellingsbrief die volgde, stond een salaris vermeld dat lager was dan ik op dat moment verdiende bij Sijthoff. Uit enthousiasme had ik bij die werkgever echter al opgezegd.

Reclameren bij de VNU was vanwege vakantietijd 'even onmogelijk', zo werd telefonisch meegedeeld. Mijn oog viel toen op een eigen campagne van een ander weekblad: "Accent is méér dan het geweest is. Daar zal De Telegraaf wel achter zitten."

Ik veronderstelde een nieuwe impuls bij het blad en belde Hans Knoop, de hoofdredacteur.

Eerlijk biechtte ik op wat er aan de hand was met mijn pas verworven betrekking bij de VNU en dat ik zo onverstandig was geweest de Sijthoff-schepen al achter me te verbranden.

"Kom maar langs vanmiddag."

Een paar uur later waren we rond. Toen het salaris ter sprake kwam, noemde ik een bedrag dat ver boven de honorering lag die door de VNU was toegezegd. Ben Essenberg, directeur van Accent, knipperde niet eens met zijn ogen. Was ik toch nog te bescheiden geweest.

Jaap Jongedijk had een uitgesproken mening over De Telegraaf, het moederbedrijf van Accent.

Als die krant een primeur had of ergens in een ver buitenland exclusief verkrijgbaar was, mompelde hij steevast: "Die Amsterdamse rotjongens hebben het weer voor elkaar."

Nu was ik zo'n 'rotjongen'.

26

Het talent van de Van Kijfhoeklaan

Zestig babyboomers van na de Tweede Wereldoorlog keerden onlangs als 'grijze golf' terug naar de straat in Den Haag waar ze opgroeiden. Waar ze tussen 1945 en 1970 de openbare ruimte als hun bezit mochten beschouwen. Waar ze naar hartenlust konden spelen. Blikkietrap, putjeloop en diefje-met-verlos heette het vermaak dat ze nog altijd niet zijn vergeten, ook al zijn ze de vijftig ruim gepasseerd.

Hun straat was de Van Kijfhoeklaan in het Benoordenhout in Den Haag. In 1937 werden er flats neergezet, voor die tijd luxe en modern met centrale verwarming, badkamer met ligbad en keuken met ingebouwde koelkast.

De eerste bewoners zorgden voor een rijke kinderschare. Negentig van hen werden de afgelopen maanden opgespoord en uitgenodigd voor een reünie. En onlangs konden de naoorlogse babyboomers weer voor even bezit nemen van hun straat.

Herinneringen werden opgehaald, er werd veel gelachen, maar ook een traan weggepinkt om degenen die er niet meer zijn. Op deze zonovergoten zondag zagen de reünisten geen enkel kind buitenspelen, maar wel een eindeloze rij auto's , de nieuwe bezitters van de straat.

Bron: De Telegraaf

Als één plek mij dierbaar is op aarde, dan is dat de straat van mijn geboorte en jeugd: de Van Kijfhoeklaan in Den Haag. Het is ook de plaats waar ik het indringendst ervaar wat er in de afgelopen ruim zestig jaar allemaal is veranderd. Dat in die straat 'achter de duinen' mijn wieg stond, is medebepalend geweest voor de kansen die ik kreeg.

Zuster Harteveld assisteerde mijn moeder bij en na de bevalling. Mijn ouders karakteriseerden mij als een 'gevild konijn', zo weinig had hun baby om het lijf. Hoewel couveuses er al waren in 1951 – een Franse arts deed die uitvinding aan het eind van de eeuw daarvoor – werd ik als prematuur daar niet in gelegd. Om de overlevingskansen van Theodoor Carel Frederic, geboren op 17 juni, te vergroten, stond de zuster paraat. Dag en nacht.

Mijn actieradius in de eerste levensjaren was het eind van de straat. Daar was 'De Golf', een duingebied dat eind jaren zestig werd opgeofferd voor woningbouw. Het winkelcentrum daar staat tegenwoordig bekend als het 'Place des Invalides'. Vergrijzend Benoordenhout doet hier boodschappen. Veelal met rollator.

In mijn jonge jaren stond er een café, de Kil. Als je geluk had, zag je vanachter een glas chocomel de prinsessen van Oranje langsrijden. Te paard, en soms in galop.

Er is tegenwoordig in deze wijk een andere attractie. De minister-president woont er (in de Stalpertstraat), die alleen door de Van Neckstraat wordt gescheiden van de Van Kijfhoeklaan.

Quote publiceerde een portret van 'de buren' van Mark Rutte. Het blad dook ervoor in het periodiek van de wijkvereniging. Wat opviel: vijf advertenties van uitvaartondernemingen 'voor een afscheid in stijl en traditie'. Andere adverteerders: notarissen en fysiotherapeuten. Quote weet het zeker: hier woont oud geld.

Mijn ouders waren een van de weinigen in de straat met een auto. Een zwarte Volkswagen Kever, met bril. Het kenteken zit nog in mijn hoofd: RK – 68 – 95. We gingen ermee in het weekeinde het land in. Dat betekende: helemaal voorbij Zoetermeer. In de toen al bestaande 'grote weg' zat een merkwaardige knik bij de fabriek van Nutricia. Voor het overige weilanden met grazend vee, zo ver je kon zien.

Vader voorin, moeder ernaast en broer Pieter op de achterbank. Die eiste hij, vijf jaar ouder dan ik, helemaal voor zich op. Mijn plek was de 'kattenbak'. Zo werd de ruimte genoemd tussen achterbank en de motor, die achter in de auto was geplaatst.

Vergelijk dat kinderleven nu eens met de wereld van mijn oudste kleinzoon Teun, geboren in 2006. Zijn ouders vertrokken in 2008 voor bijna een jaar naar Australië, om er een bedrijf op te zetten. Voor Teun was de vliegtocht naar het andere eind van de wereld al niets bijzonders.

De informatie die op hem en op zijn leeftijdgenoten afkomt, is indrukwekkend. Televisie, radio, internet. De kleine oren staan de hele dag open. Ze weten beter dan wij vermoeden hoe de wereld in elkaar zit. Teuns straatvriendjes hadden medelijden met hem, toen hij als enige van de 6-jarigen in zijn buurt niet in het bezit was van een DS.

Dat ding doet iets computer-achtigs. Met spelletjes, of zo. Die techniek interesseert mij maar matig. In afwachting van het geschenk dat hij zou krijgen voor zijn zevende verjaardag leverde de spanning een slapeloze nacht op.

Waar wond ik mij over op, toen ik zo oud was als hij? Een speelgoedauto of een waterpistool. Beide bestaan nog. Dat wel.

En wat wist ik van de wereld? Bijna niets. Op zondag na de kerk moesten we om één uur de huiskamer verlaten of stil zijn, want mr. G. B. J. Hiltermann besprak de toestand in de wereld.

Ik was al wel geïnteresseerd in de krant. Zodra mijn vader thuis was, haalde ik het verse exemplaar van Het Vaderland uit zijn tas. Ik bekeek de strips in het avondblad. Moem en de Moemsels, Kappie, Alfredo en Heer Olivier B. Bommel en zijn jonge vriend Tom Poes.

Zoals ik mij het kenteken van de auto nog herinner, zijn er begrippen blijven hangen waarvan ik toen de betekenis niet kende. Je hoorde op de radio heel vaak spreken over de EGKS, de Europese Gemeenschap van Kolen en Staal. Ik kende toen alleen de letters.

Zoals maar een paar mensen in de straat een auto hadden, zo was ook het aantal televisiebezitters beperkt. Maar wij wisten precies bij wie we moesten zijn. Klokslag vijf uur meldden wij ons bij buren, die zo'n apparaat hadden, voor de Verrekijker. In kleermakerszit nestelden wij ons voor het toestel. Het raden van de onderwerpen was een geliefd spel.

In de bioscoop zag je de mooiste beelden. Ik zag mijn eerste echte film toen ik een jaar of tien was. Summer Holiday van Cliff Richard. Vaker was ik al in de Cineac geweest. Dat was een bioscoop met doorlopende voorstelling. Je kocht een kaartje en je kon op ieder willekeurig moment naar binnen. Een vast onderdeel was het Polygoon-Journaal.

Het was een aaneenschakeling van onderwerpen die niet te lang duurden. Je verliet de zaal weer op het moment dat het eerste item voor de tweede keer langskwam. Niemand belette je echter om net zolang te blijven zitten als je wilde.

Behalve dat ik de beelden op het grote doek indrukwekkend vond, van de schepen, vliegtuigen of verre landen, was ik iedere keer weer geïmponeerd door de donkerbruine enthousiaste stem van presentator Philip Bloemendal.

In die dagen had ik geen idee wat ik zou willen worden. Van mijn vriendjes herinner ik me dat ook niet meer. Mijn broer wist het wel. Al heel vroeg. "Miljonair", meldde hij altijd met overtuiging. Met zo'n instelling word je dat ook.

Jaap Breunese, Frank Jan Kramer, Joggli Meihuizen en Jaap Bellaar Spruyt waren straatgenoten die promoveerden. De kop boven het verhaal over de straat van mijn jeugd, gepubliceerd op zondag 8 mei 2005, droeg als kop 'Het talent van de Van Kijfhoeklaan'. Hun wetenschappelijke prestatie was daar mede debet aan.

De Van Kijfhoeklaan was een vijver vol talent. 'Veel jongeren van toen zijn zeer goed terechtgekomen', kopte De Telegraaf.

"Geen kunst", meldde een lezer in een ingezonden brief.

"Als die pedante schrijver van uw krant in de Schilderswijk ter wereld was gekomen, in plaats van in het Benoordenhout, had het verhaal een totaal andere inhoud gehad."

De man had natuurlijk een punt. Het milieu waarin ik opgroeide, was bovengemiddeld wat betreft opleiding en interesses. Een veiliger haven om groot te worden, was nauwelijks denkbaar.

Het was ook een straat van bekende namen. Max van der Stoel, de minister van Buitenlandse Zaken, woonde er na zijn ambtsperiode. Toneelspeler Cees Laseur was een van onze buren. In de later gebouwde wijk op de voormalige Golf, in het verlengde van de Van Kijfhoeklaan, werd een straat naar hem vernoemd.

Ook in het deftig geachte Benoordenhout speelde zich weleens een burenruzie af.

"Waar wil je liggen, op oud of nieuw eik en duin?" heb ik weleens in het heetst van de strijd horen roepen. Voor de niet-Hagenaars: Oud Eik en Duinen en Nieuw Eykenduynen zijn begraafplaatsen in de residentie.

Op de epiloog na loopt dit boek ten einde. Een apart hoofdstuk had ik nog in gedachten over De Telegraaf, de krant die mij zo na aan het hart ligt. Daar is het helaas niet van gekomen. Dat verhaal had geschreven moeten worden op basis van een gesprek met Mariëtte Wolf.

Zij is de auteur van Het geheim van De Telegraaf, het bijna vuistdikke resultaat van haar promotieonderzoek. Het leest als een spannend jongensboek en ik kan het een ieder aanbevelen. Het contact met mevrouw Wolf is, ondanks aandringen mijnerzijds, helaas beperkt gebleven tot e-mailwisseling.

Ik was verbaasd het woord Marktplaats in zijn geheel niet te zijn tegengekomen in haar academische studie.

Feit is dat het Telegraaf-concern in de opbouwfase van Marktplaats door de initiatiefnemers ervan werd benaderd voor samenwerking. Die voorzet werd door de uitgever niet ingekopt.

Wat de gevolgen daarvan zijn, is geschiedenis. Marktplaats is een overweldigend succes. Het aanbod van tweedehands spullen op internet bleek zo ongeveer de doodsteek voor de Speurders in de krant, de kleine advertenties die decennialang dagelijks vele pagina's vulden.

"U merkt terecht op, dat ik hier geen aandacht aan heb besteed, terwijl het missen van Marktplaats toch grote consequenties heeft gehad. Ik heb de kwestie niet onder het tapijt willen schuiven, maar omdat de focus in mijn boek op de journalistieke geschiedenis van de krant ligt en omdat mij slechts een zeer beperkt aantal pagina's ter beschikking stond voor de periode 1993 – 2009 is zij erbij ingeschoten. Hetzelfde geldt bijvoorbeeld voor het mislopen van de order TrosKompas, eveneens een beleidsfout met grote financiële consequenties," aldus dr. Mariëtte Wolf per e-mail op dinsdag 29 juni 2010.

Anno 2013 is er een stevige economische crisis. De kranten worden zwaar getroffen door lezers die uit financiële nood hun abonnement moeten opzeggen en door adverteerders die de hand op de knip houden.

Bij de huidige slechte gang van zaken kunnen de kranten in Nederland niet alleen wijzen op externe factoren. Bij alle uitgevers zijn blunders begaan. Het journalistieke welzijn is er ernstig door geschaad.

Welke dagbladen zullen als papieren krant weten te overleven? Titels zullen verdwijnen of worden samengevoegd. Wie de winnaars en wie de verliezers zullen zijn, is medio 2013 moeilijk te voorspellen.

Nederland is erg verwend. In Amerika zijn er gebieden groter dan ons land waar de lezer kan kiezen tussen één krant of geen krant.

De kranten mogen vandaag de dag best wat meer opkomen voor hun eigen (voort)bestaan. Een gezamenlijke campagne, gericht op het belang van dagbladen voor het functioneren van de democratie en het onafhankelijk informeren van de burger, is geen overbodige luxe.

De brancheorganisatie voor nieuwsbedrijven, luisterend naar de afkorting NDP (betekende in het verleden Nederlandse Dagblad Pers, maar staat tegenwoordig ook voor nieuwssites en nieuwsuitzendingen) heeft die wens begin september 2013 in vervulling doen gaan.

"De nieuwsmedia verklaren en verhelderen, ze leggen verbanden tussen wat er in Brussel gebeurt en in onze straat, tussen wat we vanmorgen aantrokken en de textielindustrie in Bangladesh. De nieuwsmedia dragen de feiten en de analyses aan die onze meningen onderbouwen. En ondergraven. Ons hoofd is een schatkamer vol kennis. Aangereikt door onze ouders. Opgedaan op school. Verzameld door eigen ervaringen. En elke dag en elk uur aangevuld door de nieuwsmedia. Zonder nieuwsmedia had ons wereldbeeld nogal wat witte vlekken vertoond."

Zo'n campagne was er vroeger ook al eens. Destijds alleen opgetuigd door de dagbladen.

In één regel werd toen gecommuniceerd waar de campagne van 2013/2014 heel veel ruimte voor nodig heeft:

'De krant kunt u niet missen, geen dag'.

Epiloog

Heeft de papieren krant nog toekomst met de opkomst van de e-reader en andere elektronica?

Het feit alleen al dat deze vraag tegenwoordig de meest gestelde is aan dagbladjournalisten, geeft te denken.

Het mooie krantenverhaal, hoe lang gaat dat nog mee?

Dagbladjournalisten voelden zich decennialang onaantastbaar als de brengers van het nieuws. Eind jaren negentig werd sommigen duidelijk dat er veranderingen aankwamen door het oprukken van de computertechnologie. Maar dat het zo snel zou gaan als het is gegaan, heeft de meeste journalisten verrast. Ook de dagbladuitgevers gingen niet met hun tijd mee.

Bij Tubantia in Twente stonden we in de jaren zeventig aan 'het steen', zoals de zetterij werd genoemd. De pagina's werden met lood opgemaakt. Gloeiend heet soms. Welke collega heeft niet zijn fikken gebrand door onoplettendheid?

Scholen voor journalistiek bestonden nog niet. De opleiding in Utrecht werd de eerste, maar werd door veel belangstellenden gemeden vanwege de ultralinkse beïnvloeding die er plaatsvond.

Je begon in die jaren als leerling-journalist. Dat was een overeenkomst voor drie jaar. Bij gebleken geschiktheid werd je derdeklasser. Om je positie te verbeteren was het verstandig om snel te gaan 'jobhoppen', zodat je binnen de officiële termijn leerling af was. De kunst was om bij de nieuwe werkgever meer te gaan verdienen.

Menig beginnend journalist werd in die jaren op de eerste werkdag stevig in de maling genomen.

"Ga jij even de papiermolen halen", luidde de opdracht aan een nieuwe collega.

"De papiermolen is bij het Dagblad van het Oosten, of bij de Twentse Courant." Zo werd het slachtoffer naar de concurrent gestuurd. "We hebben dat ding snel nodig."

De collega's van de andere kranten kenden de grap. Het was iedere keer lachen als een nieuweling naar de papiermolen kwam vragen.

Beginners werd op deze manier duidelijk gemaakt dat je als journalist niet verlegen moet zijn, maar kritisch. Niet weten is niet dom. Niet vragen wel!

De techniek om een krant te vervaardigen is in de loop der jaren enorm veranderd.

Verslaggevers bepaalden vroeger meer dan tegenwoordig de lay-out. De cicerolat om kopgroottes te berekenen, ligt al jaren in het krantenmuseum. 'Bodini 60', wat zegt dat de lezer en zelfs de hedendaagse journalist nog? Niets waarschijnlijk. Het betreft de benaming om een specifieke lettersoort en grootte van een krantenkop aan te geven.

De journalistiek was destijds in vele opzichten anders. Nieuws kwam deels uit de kroeg.

Verslaggevers schoven daar aan bij de top van het bedrijfsleven en politiek voor een hapje en een drankje. Iedere stad had zijn bekende locaties. Hoppe in Amsterdam, Old Dutch in Rotterdam en de Stubsclub in Den Haag.

Journalisten leefden ongezonder. De meesten dronken en rookten stevig.

Ik herinner me collega Dietert Molanus, schrijver van het boek *Mijn naam is Dietert en ik ben alcoholist*. De laatste keer dat ik hem zag, was op de trappen van het hoofdkantoor van De Telegraaf aan de Basisweg in Amsterdam. Ik liep eraf, hij erop.

Hij herkende mij; ik hem niet.

"Ik kom ze de waarheid vertellen", schreeuwde een op een zwerver gelijkende man mij toe.

Hij zag er niet uit in zijn verwaarloosde kleren.

Verrek, realiseerde ik mij, toen ik de stem herkende, Dietert Molanus.

'Decisionmakers' kom je nu niet of nauwelijks meer in het wild tegen. Ze worden continu afgeschermd door woordvoerders en áls ze al een keer praten, hebben ze een mediatraining achter de rug – vaak gegeven door een voormalig (dagblad)collega die voor het 'grote geld' is gezwicht – om vooral hun eigen verhaal te vertellen en niet te antwoorden op lastige of listige vragen.

Veel kranten hebben de strijd om het bestaan moeten opgeven. Vooral plaatselijke bladen gingen ter ziele. Ons land heeft bijna alleen nog 'one paper city's', steden met maar één plaatselijke krant. Nieuwe media zijn ervoor in de plaats gekomen, zoals lokale en regionale radio/tv en websites.

Belangrijke gebeurtenissen groeien meer dan ooit uit tot een hype. In de week van de moord op het meisje Milly Boele in Dordrecht door een politieman was er op de Maasvlakte een persconferentie over het eerste leveringscontract voor de aanlanding van vloeibaar aardgas.

De gasbel in Slochteren is bijna op. Geïmporteerd vloeibaar aardgas moet een belangrijk alternatief worden om onze industrie draaiende te houden en onze huiskamers te blijven verwarmen. Vopak en Gasunie investeren meer dan 800 miljoen euro in deze nieuwe voorziening.

Tien verslaggevers waren uitgenodigd om de ondertekening van de overeenkomst op de Maasvlakte bij te wonen. Niet één collega nam ook de moeite af te reizen naar het decentraal gelegen Rotterdamse havengebied. Gelijktijdig versloegen wel tientallen journalisten en talloze cameraploegen de tragische gebeurtenissen rond het vermoorde meisje in Dordrecht.

De journalistiek is efficiënter gaan werken. De romantiek is uit het vak. Een verslaggever kon dagen 'ondergedoken' zijn. Het was niet erg; als er bij terugkeer maar een goed krantenverhaal ter redactie kwam.

Niemand is tegenwoordig meer onbereikbaar. Redacties hanteren ambtelijk aandoende 'aanwezigheidslijstjes'. Functioneringsgesprekken en het stellen van doelen in het werk zijn ook in de journalistiek praktijk geworden. Dit vak hoeft niet meer gekozen te worden vanwege de grenzeloze vrijheid.

Journalisten zijn meer dan ooit verworden tot bureaumensen. Speuren het internet af, volgen Twitter en telefoneren zich een slag in de rondte. De drang om erop uit te gaan, met de voeten in de klei, is minder dan ooit. Werkdruk en gezinsdruk. Alles heeft z'n reden.

Overuren declareren? Vroegere generaties in de journalistiek kwamen niet eens op het idee. Je was 24 uur per dag in dienst. Eerst getrouwd met je werk, dan pas met je vrouw.

In de jaren zestig en zeventig vielen er in huize Jongedijk sr. in Den Haag dagelijks zes kranten door de brievenbus. Vader was hoofdredacteur van Het Vaderland. Wij waren door zijn werk in dit opzicht geen 'modaal' gezin

Het Haags Dagblad, Het Binnenhof, de Nieuwe Haagse Courant, de Haagsche Courant, Het Vaderland en de Haagse editie van Het Vrije Volk verschenen in de residentie. De combinatie AD Haagsche Courant is de enige die nu nog bestaat.

Burgers laten zich allang niet meer alleen informeren door de krant. Radio, televisie en internet hebben een deel van die taak naar zich toegetrokken. Niet in alle opzichten overgenomen. Een goed raadsverslag, waar vind je dat tegenwoordig nog?

Waar is de tijd gebleven dat je met vier concurrenten 's avonds en soms een deel van de nacht de debatten in de plaatselijke politiek zat te volgen. Vaak werd het nachtwerk. De verslaggevers moesten na afloop van de beraadslagingen naar hun redactie om de verhalen te schrijven. Vanwege beperkte capaciteit op de zetterij moesten die de volgende ochtend al klaar zijn.

Aan het begin van de dag werd je alweer monter op de krant verwacht. De pagina met het raadsverslag moest worden opgemaakt. De lezer werd bediend met uitgebreide stukken en commentaren, tezamen vaak een hele pagina. De lokale democratie betaalt onder andere de rekening van de verschraling van de dagbladpers.

Ondanks de hoge kosten die het vervaardigen en verspreiden van dagbladen met zich meebrengt, kan 'de krant' als verzamelnaam van een team goed op elkaar ingespeelde, bekwame journalisten overleven.

De opkomst van nieuwe technologieën hoeft niet per definitie nadelig te zijn voor het in standhouden van redacties. De beschikbaarheid van Wi-Fi op steeds meer plaatsen, zoals ook in het openbaar vervoer, kan het papier van de gratis kranten Metro en Spits overbodig maken. Hun jeugdige lezersdoelgroep zal geen moeite hebben om deze kranten voortaan op scherm te lezen van telefoon, tablet, laptop of computer, in het openbaar vervoer, of elders. Met de te besparen kosten van papier, drukpersen en verspreiding zou fors kunnen worden geïnvesteerd in de journalistieke slagkracht.

Regionale kranten moeten de nadruk in berichtgeving nog meer op het eigen gebied leggen. Het eerste katern geheel lokaal nieuws. Het land, de wereld, sport en economie verderop in de krant. De nog altijd onafhankelijke Barneveldse Krant doet dat al jaren met succes.

Landelijke dagbladen moeten inspelen op de vrije tijd van de lezer. De krant moet meer gaan bieden dan alleen het nieuws dat door andere media als internet, radio en tv sneller wordt gebracht. Geen lezer zit te wachten op oud nieuws.

* * *

Achter ieder bericht in de krant, hoe klein en schijnbaar onbeduidend ook, zit veel noeste arbeid. De verhalen in dit boek zijn er de getuigenis van. Over het onderwerp is nagedacht. Er is onderzoek voor verricht. Er is zorg aan besteed.

Uitgeverijen van dagbladen hadden er ook het budget voor om dit journalistieke werk mogelijk te maken. Terugkijkend op vier decennia verslaggeverij leeft het besef dat de bomen tot in de hemel groeiden

Goed opgeleide, onafhankelijke journalisten zijn onmisbaar in de strijd om het voortbestaan van betrouwbare dagbladen. De verschijningsvorm is niet de bepalende factor.

De papieren krant is niet per definitie beter dan zijn evenbeeld op een scherm, mits de historische muur tussen redactie en commercie goed overeind blijft.

De schoorsteen van krantenuitgevers moet roken. Goede redacties zijn uitermate kostbaar.

In onafhankelijkheid vergaard nieuws, los van politiek of commercie, is de brandstof voor goede verkoopcijfers.

De opkomst van webwinkels – weliswaar door derden geëxploiteerd, maar onder de vlag van 'de krant' – heeft uitgevers gemaakt tot concurrent van adverteerders, die hun budget dan ook elders zijn gaan besteden. De webwinkel bedreigt bovendien de redactionele onafhankelijkheid.

Wat als die wijn uit de webshop niet deugt? Als de reis 'met de krant' niet goed was?

Als de fabrikant van het koffiezetapparaat zich schuldig maakt aan kinderarbeid?

Het gezegde 'Alles wat niet deugt is de journalistiek een vreugd', kan in dat geval werken als een boemerang.

Theo Jongedijk

Personenregister

Adriaan Theeuwes   *171, 172*

Ahmed Aboutaleb   *93, 100, 101, 111, 112*

Alberto L.   *33, 34, 35, 36*

Aleksei (Alexander) Myagkov   *19, 77, 80, 81, 82, 83*

Alex Wagner   *80*

A. Lodewijk de Beaufort   *43*

Anton C. Veldkamp   *91*

Anton Heuff   *122*

André van Duin   *68, 71, 72*

Anton Heyboer   *162, 164*

A. Oomen   *90*

Arie Kraaijeveld   *120*

Arnold Burlage   *79, 80*

Arnold Schipper   *74*

Auke Pattist   *40*

Ben Essenberg   *196*

Ben Vree   *161*

Ben Wind   *97*

Bert de Haan   *73, 74, 75, 76*

Bert Voorthuijsen   *91*

Bettina Röhl   *66*

Blois van Treslong   *136*

Brabander R.   *136*

Bram Bom   *136*

Carl Hamm   *73, 74, 75, 76*

Cees Laseur   *200*

Christiane F.   *62, 63, 64, 66, 67*

Claude Berkeley   *167, 168, 169*

Cleové (Monet)   *157, 158*

Cliff Richard   *200*

Coos Verwey   *65*

Cor Heyboer   *31*

Diederik Stapel   *121, 136*

Dieter Hohendamm   *18, 37, 40, 41, 42, 45*

Dietert Molanus   *207*

Dirk Hoogendam   *18, 37, 40, 41, 42, 43, 44, 45*

Dries van Agt   *39*

Ed Oudenaarden   *97*

Edo Brandt   *91*

Ellen Lammé   *24, 26*

Eric Nordholt *30*

Ernst Nordholt *30, 32, 35, 40, 41*

Erich Honecker *152*

Evert Bos *84*

Frank de Kruif *121, 122*

Frank Masmeijer *68, 71, 72*

Frank Rijkaard *68, 72*

Frank Sinatra *79*

Frank Jan Kramer *200*

Frans Bauer *117*

Frans de Wit *Papa Blanca* *174, 175*

Fred Pruim *49*

G.B.J. Hilterman *199*

Gerd Leers *176*

Gideon Levy *45*

Glenn Wassenbergh *86, 91*

Guillermo (Willy Neef) *86, 91*

Guus de Jong *86, 91*

Guus Drijver *21, 25*

Guusje ter Horst *42*

Han Kuyper *42*

Hans Breukhoven *147, 149*

Hans Brinkers *138*

Hans van Kampen *53*

Hans Knoop *38, 39, 78, 195*

Hans Lavoo *18, 84, 87, 90*

Hans Roodenburg *122, 123, 124*

Hans Smits *97*

Harteveld, zuster *198*

Henk en George *170*

Henri van der Zee *65, 194*

Hetty *163*

H.N. Appel *191*

Huib Boogert *50*

Ien van den Heuvel *152*

Ivo Opstelten *98, 119*

Jaap Bellaar Spruyt *200*

Jaap Breunese *200*

Jacob-Willem (Jaap) Jongedijk *17, 19, 100, 178, 183, 186, 187, 188, 189, 190, 191, 193, 196*

Jacques Schraven *120*

James Bond *86*

Jan Blaauw *122*

Jan de Bouvrie *59*

Jan van Kooy *178*

Jan-Willem Boehmer *135, 136, 137, 138, 139*

Janny Kok *122*

Joan Bates *88*

Joggli Meihuizen *200*

Johan de Bode *180, 181*

Joep van den Nieuwenhuyzen *118, 119, 120, 121, 123, 127, 129, 130*

John van 't Schip *68, 72*

Jolande van der Graaf *41*

Joost den Draaijer *84, 87*

Joris Boddaert *21, 22, 23, 24, 25, 26, 27*

Jos van Rey *123*

Joschka Fischer *66*

Jozias van Aartsen *120*

J. R. Klunder *44*

kapitein Haagmans *187*

Koos de Gast *128, 129*

Lance Armstrong *120, 121, 126*

Leo Kleyweght *157, 158, 159, 160, 161*

Louis de Wohl *187*

Mai Elmar *101*

Martijn Hessing   97
Marco, 'een bekende'   162, 163, 164
Marco, van het vliegtuigje   110, 11, 112
Marco Pastors   110, 111, 112
Marco van Basten   68, 72
Mariëtte Wolf   201
Mark Rutte   198
Max van der Stoel   200
M. van H.   102
Menno van Duin   98
Milly Boele   208
Meyer   heer   55
M. H. L. de Roos – Schoenmakers   43, 44
Michael Bates   88, 98
Moboetoe   30
Nihayyan de Lannois   31
Nikky   62, 64, 67
Oosterwijk, ambtenaar   120
Oprah Winfrey   120
Paul Nieto   29, 30, 31, 32, 33, 34, 35, 36
Philip Bloemendal   200
Pieter Jongedijk   178, 188, 198
Pieter Menten   38, 39, 43, 45, 77, 78
Pistolen Paultje   90
P. M. Brilman   43
prins Bernhard   193, 194
Ralph Inbar   117
Ria Lubbers   21, 23
Rob Hessing   97
Rob de Jong   156, 159, 160
Robbie van Erven Dorens   141

Rob Z.   101, 102
Roel Dijkstra   95, 97
Roy Bates   84, 85, 87, 88, 89, 90
Ruud Gullit   32
Ruud Lubbers   21, 22, 23, 24, 25, 26, 27
Sabine Gast   66
Sam Lodder   34, 35
Siert Bruins   44
Simone Klein Haneveld   25
Silvio   32
Slobodan Mitric   18, 81, 170, 171, 172, 173, 174, 175, 176
Stella Ruisch   63, 66
Stelios Haji – Ioannou   57, 58, 60, 61
Sytze van der Zee   194
Teun (kleinzoon)   5, 198, 199
Theo van Mullekom   104, 105, 106, 107, 108, 109
Tito   18, 81, 170, 171
Tjarko ten Have   23
Tjin a Lien   177
Ton Hoogstraaten   68
Toon Hermans   79
Twigt   mevrouw   83
Ulrike Meinhof   66
Vanessa (Breukhoven)   147, 148, 149
Walter Ulbricht   152
Wibo van de Linde   38
Wil de Wit   175
Willem van Kooten   87, 88, 91
Willem Scholten   122, 123, 124, 125, 126, 127, 128, 129, 130
Wim de Regt   124, 125

Wim Hofland   *41, 114, 116*
Wim van Sluis   *119*

Wim van der Zee   *194*
Wolfgang Joop   *66*

Recensiepagina's

De volgende pagina's zijn bedoeld om uw persoonlijke observaties, ingevingen en oordelen te noteren. U 'kleurt' daarmee de beleving van dit boek en legt die vast, zodat u later desgewenst in een mum van tijd weer helemaal in het verhaal zit.

Het beoogt slechts een hulpmiddel te zijn 'voor het geval dat'. Er is niets mis mee om notities achterwege te laten of, als u ze wel maakt, geen gebruik te maken van deze tips.

Bij observaties gaat het om bijzondere gegevens, zoals een persoon of een plaats die u om bepaalde redenen opvalt.

Ingevingen betreffen vaak associaties: het deed u denken aan iets, u kreeg het gevoel dat. Maar het kunnen ook ontboezemingen zijn, bijvoorbeeld een passage die u heeft geraakt en de reden daarvoor, een element waarvan u speciaal heeft genoten.

Niet in de laatste plaats nodigen deze pagina's u uit tot het schrijven van uw eigen recensie. Wat vindt u eigenlijk van dit boek? Hoe is de opbouw, heeft u er iets aan, leest het makkelijk, is het zorgvuldig genoeg?

Vanzelfsprekend bent u helemaal vrij om uw eigen vorm te kiezen. Maar soms kan het helpen iets te weten over het recenseren van boeken. Vandaar het navolgende.

a) Bij het beoordelen van een boek doet het genre ertoe: een kookboek recenseer je anders dan een roman. Het werk dat nu uw aandacht heeft is een journalistiek boek, in de categorie informatieve non-fictie.

b) In de regel doet de schrijver er niet zo heel erg toe. Hoe hij gekleed gaat, wat hij in zijn vrije tijd doet, welke politieke stroming hij aanhangt, als het goed is staat dat geheel los van de inhoud. In dit geval is het natuurlijk wel van belang dat de auteur verslaggever is en voor welke media hij heeft gewerkt. Ook doen bij dit boek de opvattingen die de auteur heeft over journalistiek ertoe.

c) Waar kun je al lezende dan op letten:
- een basisthema, ofwel de grote lijn, datgene waar het boek in feite over gaat. Meestal kun je het pas benoemen als het uit is.
- de verhaallijn (rode draad);
- de spanningsbogen (de tijd tussen het opdoemen van een probleem en het oplossen ervan);
- toegankelijkheid: zijn de zinnen niet te lang, worden er veel moeilijke woorden gebruikt;
- bevat het boek voldoende nieuwe feiten, geeft het nieuwe inzichten, heb je er in het dagelijks leven ook nog iets aan;
- is de indeling in bijvoorbeeld hoofdstukken, paragrafen en alinea's logisch en prettig;
- hoe is het met de actualiteitswaarde?

d) Enkele tips over de werkwijze van een recensent:
1. Maak tijdens het lezen aantekeningen over interessante punten. Schrijf inspirerende citaten op (met paginanummer!). Vraag je tijdens het lezen af: wat is de bedoeling van deze tekst, van dit boek? Wat is de rol van dit hoofdstuk of van deze paragraaf? Dit helpt je later met het begrijpen van het boek als geheel.

2. Vraag jezelf af: wat beoogt de schrijver met dit boek? Wat is de hoofdvraag waar de schrijver antwoord op geeft? Dit is het kader waarbinnen je het boek kunt beoordelen.

3. Schrijf op wat het belang is van het boek. Voor wie, en in welke omstandigheden, is het boek belangrijk, handig, nuttig? Heb je er iets van geleerd (en waar kan ik dat terugvinden in het boek)?

4. Schrijf op wat voor bijdrage de auteur levert. Geeft hij zijn mening, beschrijft hij een nieuw onderwerp, brengt hij onderwerpen samen? Is de auteur vernieuwend, kritisch, constructief? Is het duidelijk waar de auteur aan het woord is en waar anderen aan het woord zijn?

5. Is het boek overtuigend geschreven? En is het leesbaar, leuk geschreven? Wordt er goed gebruik gemaakt van voorbeelden, en van beeldspraak?

6. Zit er een reden voor actie in het boek, iets waar je zelf mee aan de slag kunt, iets dat je activeert om te gaan doen?

7. Schrijf je oordeel meteen als het boek uit is. En corrigeer dat later, als een en ander is bezonken.

De auteur en uitgevers willen graag weten of u dit onderdeel van het boek op prijs stelt en of u suggesties ter verbetering hebt. Wilt u reageren? Graag per e-mail naar info@hetjournalistiekeboek.nl. Vermeldt alstublieft om welk boek het gaat.

Aantekeningen/recensie

En dan nog dit!

"Niets uit deze uitgave mag worden vermenigvuldigd en/of openbaar gemaakt, door middel van druk, fotokopie, microfilm of op welke andere wijze dan ook, zonder voorafgaande schriftelijke toestemming van de uitgever", aldus luidt sinds jaar en dag de standaardtekst in het colofon van de meeste boeken.

Mediabedrijf Het Journalistieke Boek neemt dit onderwerp serieus. Door voortschrijdende ontwikkelingen in de techniek zijn er in de boekenbranche derden die gebruikmaken van de mogelijkheid complete boeken zonder toestemming van de uitgever openbaar te maken. Wat betreft Het Journalistieke Boek staat dit gelijk aan delicten als heling en diefstal.

Dankzij diezelfde techniek is het tegenwoordig tevens eenvoudiger na te gaan wie zich schuldig maken aan het oneigenlijk gebruik. Het Journalistieke Boek treedt hier streng tegen op en zet alle middelen die haar ten dienste staan in om overtredingen waar te nemen en van een juridisch vervolg te voorzien. Een juridische partner trekt samen met Het Journalistieke Boek op om hier financiële consequenties aan te verbinden.

Voor de zienswijze van Het Journalistieke Boek terzake het ongeoorloofd kopiëren zie ook de blog op de website: www.hetjournalistiekeboek.nl/blog

Omslagontwerp en vormgeving binnenwerk CO2 Premedia bv
Omslagfoto's Frank Jansen
Druk Wilco Printing & Binding
ISBN 978-94-91879-00-5
NUR 813
www.hetjournalistiekeboek.nl

Succes heb je nooit alleen.
Dank aan: collega's van de redacties van
De Telegraaf, Huib Boogert, Germa Graveland,
Wim de Regt, Leesfanaten en Kgl.